解剖 早稲田建築・古谷研

WASEDA ARCHITECTURE / F LAB.

仲綾子 著

古谷誠章の
「人がありのままで育つ」
チームのつくり方

学芸出版社

早稲田大学西早稲田キャンパス55号館

Contents

2章 研究も、設計も　113

プロローグ ― 古谷誠章と古谷研究室への問い

一〇〇人を超える研究室、活躍する教え子たち

早稲田大学古谷《ふるや》誠章《のぶあき》研究室は、二〇二一年現在、総勢一〇七名（教授二名、講師一名、助手三名、研究員一〇名、博士課程一九名、修士課程四八名、卒論生二〇名、科目履修生二名、交換留学生二名）を擁する。小学校の三クラス分くらいの人数だ。ちなみに、東京大学隈研吾研究室には二〇一八年時点で学部から博士、研究生まで含めて約四〇名が在籍していた。[▼1] 私立大学は国立大学よりも学生数が多い傾向にあるが、一〇〇人を超える大所帯の研究室は類例を知らない。

古谷研からは、多くの建築家が巣立っている。ぱっと思い浮かぶだけでも、田中智之、吉村靖孝、三浦丈典《たけのり》、平瀬有人《ゆうじん》、萱原大輔、小林恵吾、中村航《こう》、稲垣淳哉、森田祥子《さちこ》、津川恵理はじめ、枚挙にいとまがない。二〇二一年の日本建築設計学会賞は、受賞者六組のうち、大賞受賞者も含めて三組が古谷研の卒業生だ。古谷と同じように大学で教鞭をとる建築家も少なくない。

古谷研から巣立っていったのは、建築家だけではない。東京二〇二〇オリンピックの聖火台をデザインしたことで知られているnendoの佐藤オオキも古谷研の出身だ。古谷の部屋にひときわ分厚い製本論文があり、背表紙に「佐藤大」と名が記されている。これが佐藤オオキの修士

00 森が学校計画産学共同研究会
プロジェクトのあらまし
01 森が学校計画を支える
学校教育プログラム
学校の授業で地域の自然環境を活かした授業を行うために
02 森が学校計画を支える
建築
自然を感じながら授業できる環境を実現する校舎づくり
03 森が学校計画を支える
周辺の自然環境及び地域社会
地域全体を学びの場として捉える
555-05-09
理工学術院総合研究所
研究重点教員研究室
古谷 誠章
FURUYA. N

古谷誠章研究室

論文だ。nendoのチーフディレクターとして国内外の空間デザインを手がけ、その後、独立して数々の受賞歴がある鬼木孝一郎も古谷研で学んだ。一般社団法人「せんとうとまち」を立ち上げ、銭湯を中心にユニークなまちづくり活動を展開する栗生はるかも古谷研だ。学生時代から数々のイベントの盛り上げ役で、カーニバル娘と評されていた。他にも、ファッションデザイナー、グラフィックデザイナー、ブックデザイナー、イラストレーターなど、さまざまなデザイン領域で活躍する卒業生がいる。

プロフェッサーアーキテクト

早稲田大学には、かねてより多数のプロフェッサーアーキテクトがいる。古谷誠章もそのひとりだ。プロフェッサーアーキテクトとは、大学の専任教員でもある建築家を指す。戦後の代表的な例といえば、東京大学の丹下健三、東京工業大学の篠原一男、早稲田大学の吉阪隆正などが思い浮かぶ。以降、学生運動が盛んだった一時期を除き、教壇に立つ建築家は増えている。古谷は早稲田大学に一九九四年に着任して以来、二〇二二年現在まで、約三〇年に渡る教歴をもつ。早稲田大学に着任する前の八年間は近畿大学で教鞭をとっていた。その前は早稲田大学で助手を務めていた。これらを勘案すると、教歴は四〇年を超える。

古谷が八木佐千子と共同で代表を務めるNASCA一級建築士事務所は、一九九四年に設立された。やなせたかし記念館・アンパンマンミュージアムをはじめ数々の設計を手がけ、市民と対話を重ねるワークショップには定評がある。日本建築学会賞などを受賞した茅野市民館を

NOBUAKI
FURUYA
古谷誠章

はじめ、受賞歴も多い。

また、古谷は日本建築家協会副会長、日本建築学会会長、東京建築士会会長などを歴任する。同時に、ごく小さな活動も引き受ける。例えば、こどもたちに建築のおもしろさを伝えるワークショップの企画提案コンペ[2]は、第一回(二〇一一年)の応募数はわずか五件だったが、第二回の審査員長を引き受け、その後、三年間続けた。これが、現在まで一〇年以上に渡ってコンペが継続する糸口となった。

最初の関心——古谷研に潜入

本書の著者・仲綾子の専門分野はこども環境のデザインで、仙田満が主宰する環境デザイン研究所で保育園などの設計を担当した後、こども病院の研究で博士号を取得した。二〇一四年に東洋大学に着任し、仲研究室を運営している。

仙田が代表理事を務めるこども環境学会では、こどものためのよりよい環境の実現に向けて研究し、実践している。私は、こども環境のデザインを中心に据える建築家のもとで学び、その姿勢に共感しながらも、写真でも文学でも建築でも、こどもに関わることはなんとなく下に見られるところがある[3]という風潮を痛感してきた。最近でこそ、こども環境のデザインに積極的に取り組む建築家を見かけるようになってきたが、私が仙田の事務所にいた一九九〇年代は、こどものための建築は特殊な領域で、建築作品としては評価しにくく、建築家が関心を示すことはあまりないという雰囲気を感じていた。そのような状況で、古谷は二〇〇一年の池田小事

件を契機に、雑誌『新建築』にて、「建築に社会のまなざしを」と題する論考を発表した。▼4

かつて仙田は、「すべての公共建築は、こどもたちのための建築でなければならない」と述べた。古谷はこれに感銘を受けたという。

「『こどもたちのために』というと、二〇年後に大人になる次世代の市民を想定しがちで、それだとふつうなんだけど、仙田先生の提言は、いま現在の小さなこどもたちをひとりの人間として捉えている。もしかしたら、こどもたちは親に手を引かれて来るかもしれないけれど、その子の目に映る世界があるし、感じる空間観というものがあって、むしろ用事があって来る大人たちよりも、もっと純粋に捉えているかもしれません。そういうこどもたちが抱く感覚は、もっと尊重されなきゃいけないのではないか。これは僕の勝手な曲解かもしれないけど、そういうふうに解釈できるように聞こえたんですよね」と古谷は語る。

こども環境に対する古谷の姿勢に、私はかねてより興味をもっていた。でも、実際のところは、どうなのだろう。こどもたちのことを本当に気にかけているのだろうか。もしかしたら、口先だけかもしれない。ともかく、そばでじっくり観察したいと思い、サバティカルの受入れを依頼した。サバティカルとは本務校を離れて他の教育研究機関で研究に専念する期間で、私は二〇二二年度に取得する機会を得ていた。依頼後すぐに承諾のメールが届いた。多忙な人ほど返信が早い。でも、いまにして思えば、「来る者は拒まず」という方針で、あまり深くは考えずに反射的に受け入れたのだろう。後に、「また変な人がやってきたと思った」と言われた。

なお、古谷研では、これまでに三人の教員をサバティカルで受け入れている。古谷と同じく穂積信夫研究室出身で、現在は昭和女子大学で教鞭をとる杉浦久子、月影小学校のリノベーション（一章三節）で古谷らと協働し、現在は日本女子大学で学長を務める篠原聡子、さらに、コロナ禍で延期していたが、二〇二二年度末に、こども環境の専門家である中国湖南大学の沈瑶《チンヨウ》を在外研究員として受け入れた。なぜか女性ばかりだ。

執筆のきっかけ——ある日の研究室ミーティング

葉桜に彩られた夕暮れの早稲田大学西早稲田キャンパス。その東端に位置する五五号館の大会議室の片隅で私は圧倒されていた。

「とてもおもしろい。『物心ついたときから踊っているんです』というのがおもしろいね」

学生の発表に対して、古谷はこうコメントした。続けて、ダンスを建築と結びつけて、振付家の坂本公成が茅野市民館で行ったコンタクト・インプロヴィゼーションを紹介した。コンタクト・インプロヴィゼーションとは、人と人との身体の接触を通して即興的に相互の理解を深めていくものだが、坂本は建築を相手に踊ることを参加者に促した。壁に触ってみて、これ以上、力を入れると倒れてしまうくらいまで押してみる。すると、どうなるのか。

「あなたのテーマの場合は、都市を具体的にコンタクトする相手としてみると、いったい何が起こるのか。そこに新しい可能性がありそうだ」

建築系の研究室なのに、学生がダンスについて発表している。それを嗜めるどころか、古谷はおもしろがって議論している。そもそも、日が暮れる頃に始まり、終わる頃には真っ暗になっているなんて、昔ならまだしも、いまやまともとはいえない。古谷も学生たちも日常のごとく進めているけれど、よそ者の私にはなんだかものすごいことが起こっているように見える。このようなことは、ゼミ、プロジェクト、コンペ、それから、やたらと多いイベントなど、古谷研のあちこちで起こっていた。

こうした一言では捉えがたい事態に惹きつけられ、古谷研で起こっていることを見逃したくないと思い、私は足繁く通い、忘れないようにメモを取り続けた。二か月ほど経って溜まってきたメモを見返すと、これは個人用の記録を越えて、多くの方々にとって参考になるドキュメントになると確信した。

本書は、プロフェッサーアーキテクトとして早稲田大学で教鞭をとる古谷誠章、および古谷研究室のゼミ、プロジェクト、コンペ、ミーティング、イベントなどの様子を描写し、併せて、古谷や古谷研関係者の言葉を記述することによって、大学における教育、設計、研究のありようを描くドキュメントである。本書で綴る古谷の言葉には三つのレイヤーがある。日常の研究室活動で聞こえてくる言葉、ロングインタビューで得た言葉、そして、古谷をとりまく人々から聞いた言葉だ。これらを織り成し、立体的に捉えていく。

本書の問い――研究室マネジメントの方法論を探る

こども環境に対する建築家としての古谷のまなざしに惹かれてサバティカルの受け入れをお願いしたけれど、研究室ミーティング、ゼミ、プロジェクトなどの古谷研の活動に参加しているうちに、個性的なスタッフや学生たちに出会い、想像もしなかったことが次々と起こるので、だんだんと私の関心は古谷個人ではなく、組織としての古谷研究室へと移っていった。

そもそも一〇〇人を超えるメンバーを抱える研究室を、どのように運営しているのだろう。しかも、当たり障りなく運営するのではなく、優秀な、そして、どこかユニークな人たちが巣立っていく。いったい、どのように指導しているのだろう。これが本書で解き明かしたい問いだ。つまり、研究室マネジメントの方法を明らかにしたい。

私はもともと人や組織のマネジメントに関心がある。私自身が大学で研究室を運営するようになってからは、学生一人ひとりの能力を引き出すためにゼミやプロジェクトをどのようにマネジメントすればよいのかを知りたいと思い、参考になるような書籍や論文を探していた。ビジネスの領域では、サイボウズの青野慶久の「チームのことだけ、考えた。[5]」をはじめ、関連書籍は多数あるのに、大学の研究室を対象としたものは見当たらなかった。そこで、毎年、手探りながら、全力でゼミを行い、プロジェクトをまわしていた。それなりにうまくいっていたとは思う。だけど、年度末にはいつも疲れ切ってしまい、研究室を長く運営していくためには、なんらかの方針や仕組みが必要そうだと感じていた。

マネジメントは、「経営」や「管理」と狭義に捉えられることがあるため、大学の研究室にこの概念を適用すると、違和感をもたれるかもしれない。ただ、マネジメントを「望ましい状態をなんとかして実現すること[6]」と定義づけると、ビジネスに限らず、人が集まるすべてのところに適用できる。逆に言えば、本書で明らかにする研究室マネジメントの方法は、大学だけでな

古谷研メンバーとのミーティング風景。正式なミーティングの他に、ゼミの前後などに古谷をつかまえて議論が行われる。

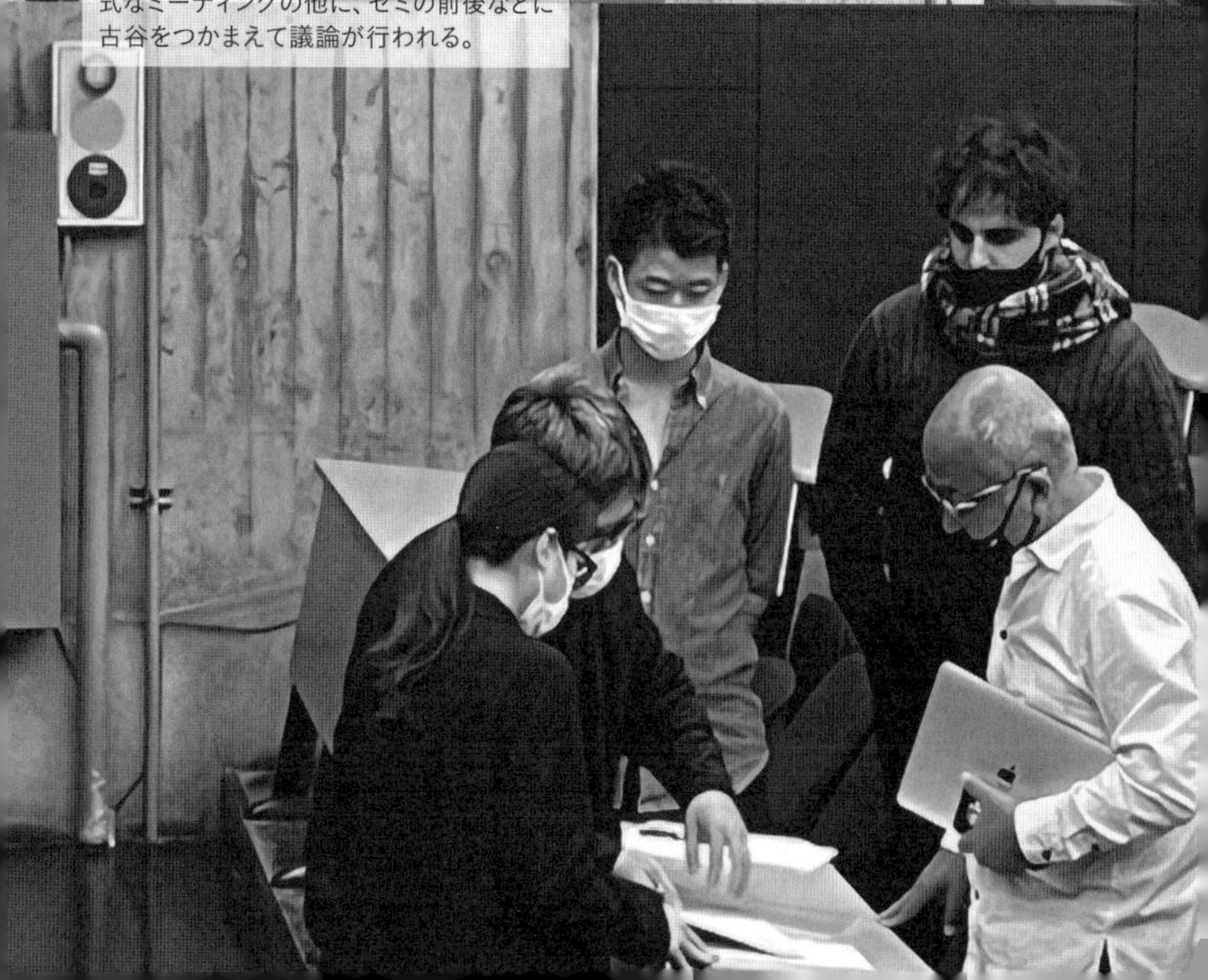

く、他の組織にも参考になるはずだ。

ところで、これまで古谷研究室と略してきたが、正確には二〇一四年に藤井由理が早稲田大学に着任して以降は、古谷・藤井研究室として運営されている。古谷は二〇一一年に早稲田大学理工学術院総合研究所の研究重点教員のひとりに選ばれた。このポストは研究活動に重点を置くため、授業などを代わって行う教員を雇用できる。そこで、藤井が採用され、連名で研究室を運営することになった。したがって、二〇一四年以降の研究室活動は古谷・藤井研究室と記すべきだが、本書では、藤井が着任する以前からの古谷研の活動の継続性を重視し、無用な混乱を避けるため、研究室名の使い分けをせずに、一貫して古谷研究室、あるいは、古谷研と略して記す。

古谷の研究室運営を間近で見ている藤井は、次のように語る。

「古谷さんがよく口にする言葉は、『馬に水を飲ませることはできないけれど、水辺に連れて行くことはできる』。古谷さんは水辺に連れて行くのがうまいんです」

どうやって水辺に連れて行くのだろう。そこはどのような水辺なのだろう。関心が高まる。

とにかく、古谷研で起こっていることは全部見たい。禁止されない限りは、どこまでも入って行きたい。こうして私の一年間の潜入生活が始まった。

Chapter 1

一〇〇人一〇〇通りの建築への道

パソコン、モニタ、金尺、ペットボトル、漫画、消毒用アルコール、ゴミ箱などの雑多なものが同居する混沌とした研究室。

1 ― 「早稲田建築」をひもとく

早稲田の建築、ではなく

「早稲田建築」という言葉がある。「早稲田の建築」ではなく、固有名詞のように「早稲田建築」と標榜される。初めて目にしたときは脱字かと思ったくらい、部外者には戸惑う表現だけれど、シラバスにも「早稲田建築」という言葉が記載され、誰もがその意味を理解する用語として使われている。

早稲田大学の建築学科は、一九一〇年に創設され、翌一九一一年には早稲田工手《こうしゅ》学校が開校した。これは、現在の早稲田大学芸術学校の前身で、職人などのつくり手が建築理論や設計手法を学びに来ていた。現在は、昼間は文系の大学に通う学生や会社に勤める社会人が夜間に建築を学びに来たり、高校を出たばかりの学生が専門的に建築を学びに来たり、多種多様な人が集まっている。このような大学を中心に複数の建築教育機関から生まれる人と文化を総称して、「早稲田建築」と呼び習わされてきた。「『早稲田文学』や『早稲田演劇』のようなものです」と古谷は説明する。つまり、「早稲田建築」は、初代建築学科主任教授を務めた佐藤功一、耐震構造の父と称される内藤多仲、考現学で知られる今和次郎など初期の教授陣から、現在、活躍している卒業生や学生まで、連綿と続く人と文化を表している。

異学年をつなぐ手伝い制度

「早稲田建築」には、手伝い集団がいる。一九七四年、古谷が入学してわずか三週間後に、小学校の先輩と名乗る人物から電話がかかってきた。

「古谷は三宿小学校の卒業だろう。俺も三宿小学校だ。おまえ、器楽隊の指揮者をやっていただろう。俺は後ろで大太鼓を叩いていたんだが、覚えていないか。ともかく、俺の先輩がいま三年生で、美術館の課題をやっているから、手伝いに行くといいよ」

現在では、個人情報は厳しく管理され、学生の出身校や電話番号が出まわる状況は考えられないけれど、当時はおおらかだったのだろう。それでも、そんな昔のつてを頼りに誘われても、やすやすと乗る気にはなれない。だけど、古谷は素直に受け入れ、その後の一年間で一二〇日徹夜して、二年生の課題、三年生の課題、卒業設計、修士設計、コンペなどを手伝った。

ところで、なぜ二年生は自分の手伝いではなく、三年生の手伝いを一年生にもちかけたのだろう。「三年生の課題が一番大変だから」と古谷は素っ気なく答えるが、ここに連綿と続く手伝い制度の秘訣がありそうだ。実際、早稲田大学では、一年生と三年生、二年生と四年生といったひとつ飛ばしの学年の仲がよく、卒業設計や修士設計の手伝いへと続いていく。教員側も手伝い集団に配慮し、課題の締切を学年ごとに一、二週ずらして設定し、後輩が先輩の課題を手伝えるようにしている。

ただ、この手伝い制度にも波があった。古谷が穂積研の助手を務めていた頃は、後輩が先輩を手伝うことが奨励されていたが、一九八六年に近畿大学に移り、その八年後に早稲田大学に戻ってきた頃には、すっかり手伝い制度はなくなっていた。

その背景には少子化があると古谷は指摘する。兄弟姉妹の数が減り、異年齢で遊ぶ機会が少なくなっていた。年齢が異なる子と遊ぶにはスキルがいる。小さい子をかばったり、揉め事があればとりなす。このような付き合いに不慣れな学生たちは、後輩に手伝ってもらうことを避けるようになっていた。未熟な後輩に手伝いを頼むよりもひとりでやった方が気が楽だ、いざこざを起こす後輩たちを仲裁するのは面倒だ、という雰囲気が蔓延していた。

少子化により異学年のつながりが希薄になったという指摘は、長年、こどものあそび環境を研究している仙田満の研究結果と符合する。仙田は、一九五五年と一九七五年の二〇年間のあそび環境の変化を分析して、あそび空間量が全国的に一〇分の一に減少したこと、さらに、異年齢のあそび集団が少なくなったことを明らかにしている。[▼1]

講評会とクリティーク

異学年のつながりがなくなったことに危機感を覚え、古谷は復活を企てた。三年生の設計製図の講評会を一年生が聴講する仕組みをつくったのも、そのひとつだ。これは現在も続いている。

そもそも、古谷が学生だった頃は、早稲田大学には講評会がなかった。図面を提出すると、A、B、Cなどの評価がついて返却される。その評価を同級生と見比べて、理由を自問自答する他なかった。池原義郎が優秀作品を講評することはあったが、池原が解説するのみで、学生

設計製図の講評会の様子。西早稲田キャンパス55号館のアトリウムで行われる。3年生の講評会を1年生も聴講する。

が発表したり、質問されて答えたりすることはなかった。

現在では、講評会を行わない大学を見つけることが難しいほど広く普及しているけれど、私も一九九三年に卒業するまで、京都大学では一度も講評会を経験したことがない。当時、非常勤講師だった高松伸が池原のように優秀作品を講評したことはあった。早稲田大学と同じような状況だ。その後、竹山聖が京都大学に着任し、設計演習を大幅にモデルチェンジして、講評会や展覧会を行い始めたのは、一九九五年のことだ。▼2

古谷が講評会を始めたのは、文化庁の新進芸術家海外研修制度に採択されてマリオ・ボッタ事務所での研修を終えた後に教育の現場に戻り、近畿大学で教鞭をとっていた一九八七年頃だ。かなり早い時期といえる。多くの学生を手取り足取り個別に指導していたら、時間も手間も際限なくかかることに気づき、まとめて講評会を行うことを試みた。その結果、講評会は大人数の学生を指導するうえで有効だった。講評会のよさを身に染みて実感した古谷は、早稲田大学でも講評会を行うことを企てた。ゲスト・クリティークも導入し、大学の指導教員とは別に、ゼネコンなどからも招聘した。ところが、当時はまともに講評できる人は少なかった。

「ゼネコンのそれなりの地位の人が学生の作品を見て、『君、これじゃ全然、経済的に成立しないよ』とか、つまんないことだけ言って、石山（修武）さんも『古谷、悪かった。あいつはもう二度と呼ばなくていい』と言ったりして。当時は、自分が講評された経験のない方ばかりだったし、学生の作品を本来の意味でクリティークできる人は、そうはいなかった。いまはわりとみんな気軽に『大学でクリティークしてきた』などというけれど……。でも、いまでも本当は学生の作品をちゃんと講評できる人がそんなにたくさんいるかどうか、わからない」

稔やかな口調で辛辣なことを言う。批評する者は、その言葉によって、批評される。この事実を突きつけられて冷や汗が出る人は少なくないはずだ。では、どのような講評が本来の意味でのクリティークなのだろう。古谷が講評会で語った言葉をかき集めて、私なりに推測すると、学生の作品の中に学生自身も気づいていない萌芽をつかみとり、それを敷地の文脈、歴史や文化、社会の変化、人々の動きなどに照らして、よりよい提案となる道筋を示すこと、と言えそうだ。少なくとも、古谷はこのような講評を心がけているように私には見える。

ともあれ、このように始められた講評会は、現在も他学年の授業がない土曜日の午後に開催されている。かつては雑誌『新建築』のカレンダー欄に「早稲田大学設計製図講評会」と銘打ち、日時や出題教員を告知していたこともあった。そのおかげで他大学からの聴講もあった。現在では、ウェブサイトやソーシャルメディアがその役割を果たしている。異学年のつながりを意図した講評会は、学内を越えて広まり、現在に至る。

今晩はどちらで徹夜するか？——設計製図と設計演習

これまで、「美術館の課題」「先輩の課題」など、無造作に「課題」という言葉を用いてきたが、早稲田大学では、設計製図と設計演習の二つの科目があり、それぞれがまったく別の課題を出している。設計演習は、古谷が学生の頃は設計実習と称していたが、内容は変わらない。このスタイルは、「早稲田建築」の伝統といえる。

一般的には、設計製図に類する科目はひとつで、その中でいくつかの長期課題と短期課題を組み合わせて出題することが多いだろう。一科目であっても、学生にとっても教員にとってもウェイトが大きく、建築教育の根幹をなす科目と位置づけられる。

早稲田大学の設計製図は、一セメスター（半年間）で二課題というロングタームの課題で、総合力や持続力を鍛える。一方、設計演習は、年度や教員の方針によって多少異なるが、一セメスターで五課題ほどのショートタームの課題で、瞬発力を鍛える。このような長距離走と短距離走の二科目が、お互いに関係なく、パラレルに設定されている。学生には大きな負荷がかかる。「製図の課題をやりながら、頻繁に演習の提出日が来るんですけど、これが実際の建築家稼業のトレーニングになっている。つまり、ある晩、俺はどちらの課題で徹夜しなきゃいけないかを自分でコントロールしなきゃいけない。仮に演習の課題でおもしろいアイデアが浮かんでも、今晩、それをやっちゃうと製図ができないとか、他にもレポートとかいろんなのがあるから。そういうものを整理して、組み立てて、自分の体力も温存して、最後の日に徹夜一発でつくるとか按配しないといけないんですけど、そういうマネジメントを奇しくも課している課題ですね」と古谷は説明する。

設計製図は必修で、設計演習は選択だが、これまでは不文律として、意匠系に進む学生は三年生で設計演習を履修していた。ただ、ここ数年、意匠系を志望していても、三年生は設計製図の課題が大変だからという理由で同時期に設計演習を履修するのを避け、四年生や修士になってから、履修する学生が増えている。古谷はこの状況を「最近なんだか根性がないのが増えてきて、なんのこっちゃと思っている」と疑問視する。時期をずらして、最終的には履修しているので、学修計画上は問題ない。タスクを効率よくこなすのは、現代の若者らしいともいえる。けれども、建築家の仕事は、あるプロジェクトが終わったら、都合よく、次の新しいプロジェクトが始まるわけではない。得てして仕事は重なる。このときに対応できるマネジメント力を身につけるために、同時並行で課題に取り組む必要がある。マルチタスクは子育てにも求められるので、これは建築家だけではなく、あらゆることに適用できそうだ。

真剣にふざけていい

設計製図と設計演習のうち、部外者の目からみて、より興味をかきたてられるのは、設計演習だ。設計製図は美術館や小学校など、他の大学でもよく見かける課題が出題される一方、設計演習ではなんとも不思議な課題が次から次へと出題される。例えば、二〇二一年度の設計演習Dでは、「私の好きな住宅」という古谷が学生の頃から出題されていた伝統的な課題に加え、「ファンタスマゴリア―ものがたり、空間、記憶」「不気味な建築」「マルチプル（Multiple）」「スーパーシェルフ（Super Shelf）」の計五課題が出題された。課題名を聞くと謎が深まるが、講評の言葉は設計課題一般に敷衍できる内容で、ますます興味深い。

「単純なアイデア一発ではだめ。それをサポートする周辺のアイデアが必要」

「自分に合う表現を見つけることが大事。自分のキャラクターを意識したことがありますか」

「あまり考えていない言葉をメインタイトルにしてしまった点がよくないね。講評者はそこに目がいってしまって、肝心の空間の議論に到達しないから」

「頭で考え過ぎ。ただの表面的な操作になっちゃっている」

「僕はおもしろいと思う。どこまでいくんだろうと思わせられる。ただ、表現が稚拙」

私の手元には多くのメモが残っているが、このあたりで止めておき、最後にひとつ、非常勤講師の津川恵理の言葉を紹介したい。

「設計演習は真面目にやらなくていいんですよ。真剣にふざけていいんです」

挑発的な言葉に私は一瞬ひるんでしまったけれど、真剣にふざけるという一見矛盾した姿勢は、この不思議な課題の取り組み方として、確かにふさわしいと納得させられた。津川は古谷研出身で、自身も学生の頃に設計演習の課題に取り組んだ経験がある。

人間だから調子が悪いときもある

設計演習Dは評価方法も私にはずいぶん風変わりにみえた。すべての講評を終え、全教員で評価を協議した後に、優秀作品が発表された。

「田中さん、ヨツマルです。おめでとうございます」

作品の評価は、A、B、C、D、非常に優れているものはS、微妙な差はAマイナスやBプラスというようにマイナスやプラスをつけると思い込んでいたので、一瞬、戸惑ったけれど、「佐藤さん、ミツマルハンです。鈴木さん、ミツマルです」と続く言葉からなんとなく理解できた。◯の数で評価を表しているのだろう。ミツマルハンのハンは、微妙な差のプラスを示しているにちがいない。

経緯と意図を詳しく聞くと、この評価方法は穂積信夫によるもので、標準的な及第点はフタツマル（○○）、秀でている作品はミツマル（○○○）、さらに非常に優秀な作品はヨツマル（○○○○）で、このような作品に対して、穂積は「脱帽しました」と敬意を表したという。

提出してはいるものの、明らかに手を抜いている作品や悪意を感じる作品にはヒトツマル（○）がつく。これを二回以上つけられると、単位は取得できない。この「二回以上」という評価方法にも意図がある。「人間だから調子が悪いときもある。だから、一回くらいは見逃そう」というものだ。この方針は徹底していて、総合評価は、出題される五課題のうち最も評価の低い一課題を除く四課題の評価でつけられる。となると、五課題のうち一課題を捨てる学生もいるかもしれないと邪推したくなるが、実際には、少なくとも三年生は自分のアイデアを膨らませて作品をつくることに一生懸命で、初めから一課題だけ手を抜く学生は、ほぼいない。四年生や修士課程の学生は就職活動やプロジェクトで設計演習に時間をかけられなくなる場合があるそうだ。

抜けているところがあっても、ユニークなところがある方が

設計演習Dの評価方法は人間味があるけれど、「調子が悪いときもある」なんて言い訳はクライアントには通用しないという批判もありうるだろう。一方で、学生の強みにフォーカスした評価方法だという反論もできる。評価方法は建築教育において悩ましい事項のひとつだ。

設計課題では、A、B、Cなどの記号や百点満点の得点で評価されることが多い。卒業設計

では、各教員のもち点を均等配分したり、傾斜配分したり、作品を順位づける方法をめぐって多様な模索がみられる。

吉阪隆正は、順位づけに関して一八〇人の新入生を前にガイダンスでこう語ったそうだ。

「卒計で一〇番以内に入るようだと、よい建築家にはなれませんね」

古谷は吉阪の言葉を聞いて、「何を言っているんだろうな、この先生は……」と当初は理解できなかったという。だけど、ずっと覚えていた。そして、自分が卒業設計で一〇番以内に入らなかったときによく考えてわかったことがある、と吉阪の謎めいた言葉を解説してくれた。

「卒業設計は、とにかく教員が全員、百点満点でつけて、その平均点で順位を決めるので、総合的ではあるかもしれないけれど、傑出したものではきっとなかろう。なにせ、その当時の先生が理解して評価できるくらいの成果でしかないから。評価する者も評価される者も、そのことに自覚的であれば、評価自体にはさほど大きな意味はないんですよね。そして、建築家は、平均的にできるよりは、すごく抜けているところがあっても、すごくユニークなところがある方が、どちらかといえばいいでしょうね」

何でも卒なくできそうに見える古谷が「抜けているところがあっても」というのは意外だったけれど、少しほっとした。私もかなり抜けているところがある。他にも勇気づけられる人は多いだろう。そのことを伝えると、古谷はまた吉阪に言及した。

「吉阪さんがもうひとつすごかったなと思うのは、あの一言で一八〇人のうちの一七〇人を勇気づけたこと。選ばれた一〇人は喜んでいるから、それはそれでいいし……」

いまだに考えている——吉阪隆正の長持ちする問い

古谷はしばしば吉阪の言葉を学生に紹介する。例えば、「建築設計原論」の講義では、「形」をテーマに、ツリー構造、セミラティス構造、放射・求心・拡散などについて解説した後に、古谷が大学院生のときに吉阪隆正から受けた都市計画の講義内容を紹介した。

「吉阪先生がハーバード大学の客員教授をしていた頃に、隣のマサチューセッツ工科大学の生物学博物館を訪ねてご覧になった単細胞生物の標本について話してくれたんです。単細胞生物の形には、アモルフォス、ラディアル、ポリモルフォスがあって、外的な力がこれらの形をつくりだしていて、そこがおもしろいと吉阪先生はおっしゃった。この形について、いまだに考えているけれど、僕はまだよくわからない」

スライドには、吉阪の講義で古谷がノートに記したスケッチが映し出されていた。なんだか不気味な、でも、妙にかわいらしい、へんなスケッチだ。

学生に混じって古谷の講義を聞きながら、私にはそのような問いがあるだろうかと考えた。森田慶一と増田友也の系譜の建築論は学生の頃は全然わからなかったし、いまでもわからないけれど、考え続けてはいない。すっかり忘れていた。数学の森毅《つよし》が試験で解答用紙にカレーのつくり方を書いた学生に単位を出していたのに、ある年、同じようにカレーのつくり方を書いた学生を落とした。その理由は「ジャガイモが入っていなかったら」という冗談のような逸話があるが、本当の理由は他にありそうだと思い出して、ときどき考え直すことがある。これは吉阪の問いに近いのかもしれない。でも、そんなにふざけてはいないと怒られそうな気もする。

ところで、古谷は、「アモルフォスは不定形、ラディアルは放射状」と補足しながら解説したが、ポリモルフォスに対しては訳語を示さなかった。吉阪が説明しなかったようだ。インタビューの機会に、ポリモルフォスとはいったいなんだろうとひとしきり議論した。「僕は、ラッパが逆さになって笹舟に乗っているような形とか言ってるんですけど。吉阪先生は『ポリモルフォスはパッと離れて飛んでいく』みたいなことを言われたような記憶があるんだけど……、全然わからない」と古谷は言う。

インタビューが一区切りついたとき、助手の宮嶋が、「ポリモルフォスは、これじゃないでしょうか」と、パソコンの画面を見せた。ハーバード大学の研究者による実験結果を示す記事で、タイトルに「ラッパムシ」と書かれている。古谷の説明のとおりだ。宮嶋が探し当てたサイトから辿り、生物学の学術誌の論文▼3を入手してじっくり読むと、古谷が描いたスケッチとそっくりな図がある。「Detachment（パッと離れる）」という単語もある。これにまちがいなさそうだ。私も古谷の講義後すぐにポリモルフォスについて検索したけれど、何の情報も得られなかった。聞くところによると、宮嶋は超高性能高速検索エンジンをもつと言われているらしい。

生まれて初めて訪れた外国――穂積信夫の教え

初めて訪れた外国はどこか、と古谷が興味を示すことがある。何が気になるのだろうと思っていたところ、ある研究室ミーティングで、新宿で生まれ、幼稚園から香港に引越し、さらに

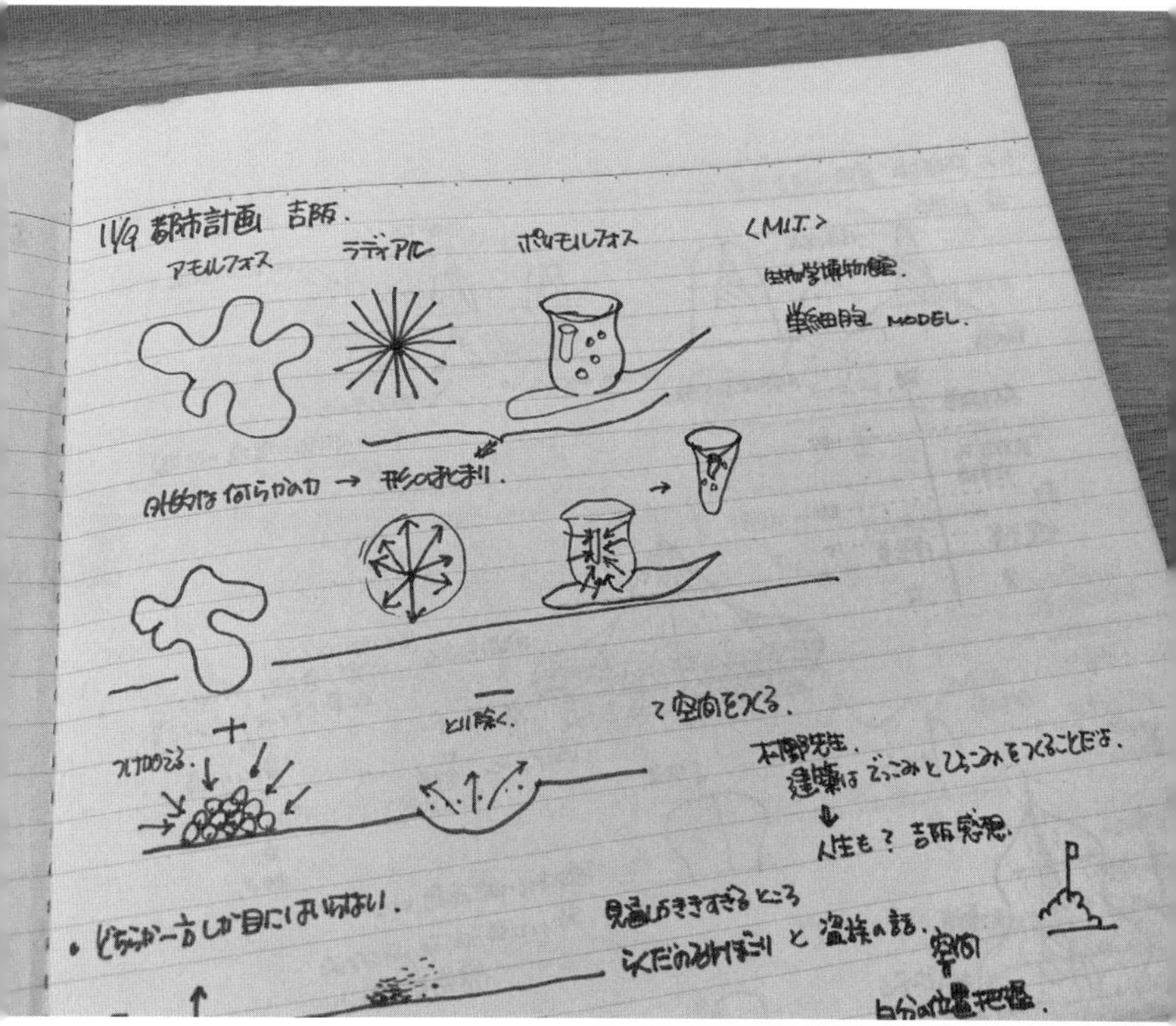

吉阪隆正の都市計画の講義で古谷がとったノート。アモルフォス、ラディアル、ポリモルフォスという言葉が記されている。

台北などのアジアで育ったという学生に対して、次のような穂積信夫の言葉を伝えた。

「穂積先生は、『生まれて初めて訪れた外国が、その人に影響を与える』とおっしゃった。僕が生まれて初めて降り立った外国は香港で、それも真っ暗な夜だった。そのときに受けた混沌とした感じは、よくわかります。僕はもう大人になっていたけれど、あなたの場合は幼いときにアジアに触れているから、その影響はもっと大きいだろうね」

なるほどね、私はその言葉を聞いて腑に落ちた。古谷はマリオ・ボッタ事務所で修行し、カルロ・スカルパ研究をしているので、古谷研のテーマはスイスやイタリアなどヨーロッパを対象とするものが多いだろうと予想していた。もちろん、そうした研究にも取り組んでいるが、実は、古谷研では、アジア研究が熱い。モンゴルのゲル、ジャカルタのカンポン、香港の水上棚屋、中国の城中村などの現場を学生と頻繁に訪れ、調査研究を行ってきた。

世界で一番美しい建築として古谷が挙げるのは、チェンマイのワット・チェッ・ヨー寺院のブーゲンビリアの茂みに木のベッドが置かれた空間だ。なぜ古谷がこれほどアジアに惹きつけられるのかと思っていたが、穂積の教えのとおり、生まれて初めて訪れた海外の影響だろう。

私が生まれて初めて訪れた外国の都市はニューヨークだ。一八歳のときだった。これまで意識したことはなかったけれど、考えてみれば都会の喧騒は嫌いではない。

ヴィジュアル・アーカイブへのこだわり

早稲田大学には、同窓会組織である稲門《とうもん》建築会の機関誌『早稲田建築』がある。一九七〇年に創刊され、二〇〇六年からは名称を変更して『WA(WASEDA ARCHITECTURE)』として刊行されている。

この機関誌の編集は、計画系の助手が担当することになっていた。古谷は学科助手になって二年目の一九八四年に編集を担当し、三つの特集、「温故知新」「学生から新しきを知る」「教室外から学ぶ」を企画した。当時、早稲田大学には、学生の作品を掲載するイヤーブックがなかった。「それがすごくさみしかった」と感じていた古谷は、二つ目の特集「学生から新しきを知る」で学生の作品を紹介した。しかも、写真や図面などのヴィジュアルのデザインにこだわった。表紙には学生の卒業設計の作品を採用した。全教員の採点の平均点で一位と評価された作品ではなく、古谷が独断で選んだ。記念すべき第一号の表紙には、現在、工学院大学で教鞭をとる西森陸雄の作品が掲載されている。その後、学科として独立したイヤーブックをつくることになり、二〇〇六年から『早稲田建築学報』という名称で発行されている。これは国際標準図書番号(ISBN)が付与された出版物で、書店で入手できる。

設計演習の優秀作品を掲載する作品集もある。古谷が助手の頃は、フィルム代も現像代も高価で、現在のように手軽に写真を撮ることができなかったので、学生一人ひとりの作品を古谷がすべて手書きでスケッチしたという。助手の任期中の三年間、これをやり続けた。そんな面倒な作業をなぜやろうとしたのだろう。もののはずみで始めたにしては、手間ひまを考えてなさすぎる。でも、結果的に、作品集は単年度の成果を示すことにとどまらず、次の世代が参照できるヴィジュアル・アーカイブとなり、縦のつながりを促すメディアにもなっている。

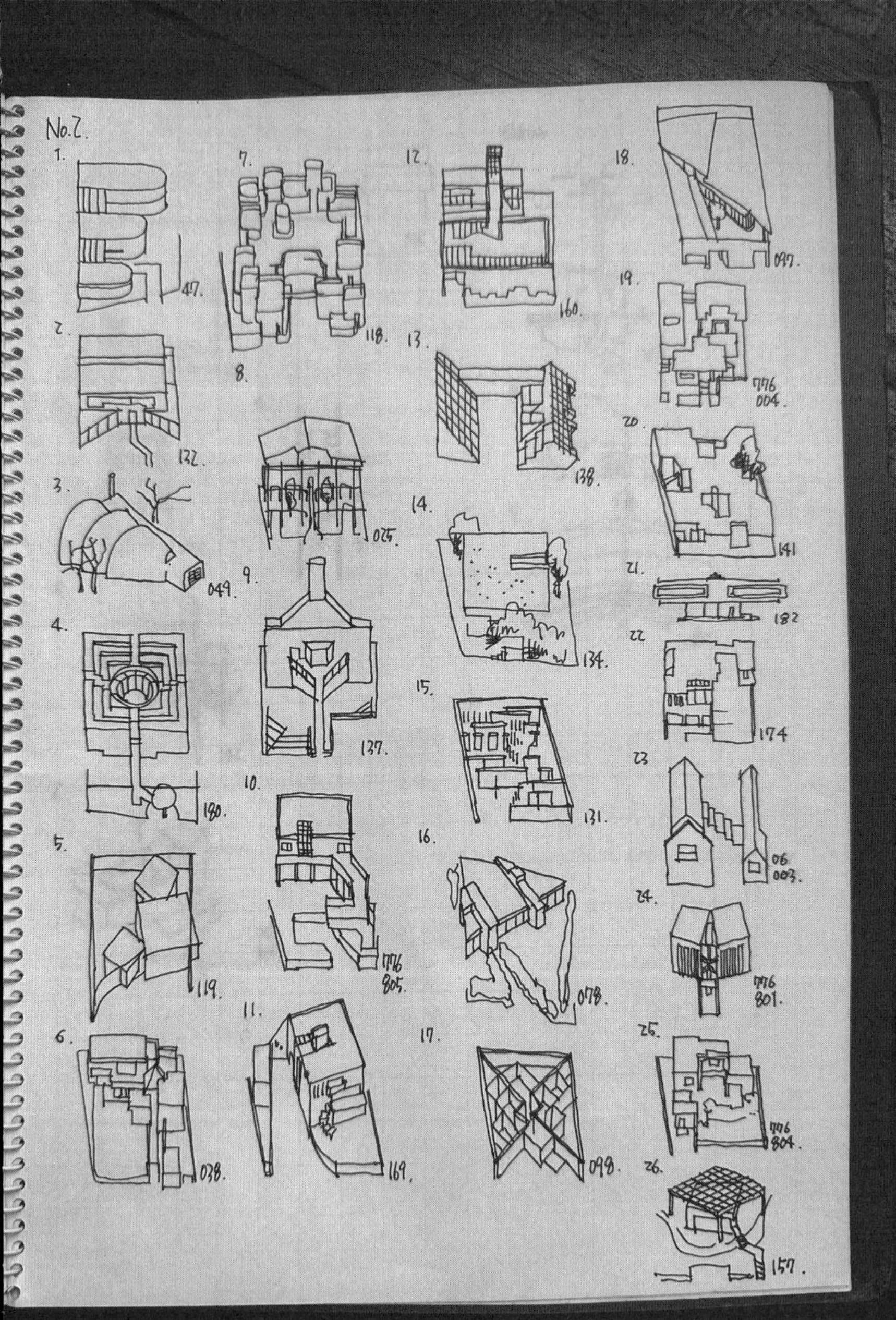

設計演習の作品集に掲載するために、古谷がスケッチした学生の作品群。

人々が出会う場としてのキャンパス

かつて、大学のキャンパスは建築学科の先生がひとり一棟くらいは設計する機会があった。建築学科の先生は人の言うことに耳を貸さず、施設部を悩ませながら設計したら雨が漏った、というようなエピソードが語り継がれる牧歌的な時代があった。けれども、大学もだんだん経営のプロが仕切るようになる。

「ついに僕の番になったら、一棟は任せてもらえずに、細切ればかりやるようになっちゃった」と古谷は言う。確かに、西早稲田キャンパスで古谷が手がけたのは、地下鉄入口の掲示板、ドライエリアのスロープやテーブル、広場のベンチ群、大きくてもカフェ、それから改修や組織設計事務所との協働などで、華々しい講堂や記念館ではない。

広場の植栽をロの字に囲むベンチ群では、さまざまなシーンを見かける。例えば、ベンチで手づくりのお弁当を広げている学生のもとにキッチンカーでタコライスを買った学生が駆け寄って来た。前日に徹夜したのか、課題提出後に青白い顔でベンチに座っていた学生は、友人たちがやってきたら急に賑やかに会話し始めた。ベンチで寝ている助手を見かけて、邪魔をしないように学生たちがそっと通り過ぎたこともあった。ベンチに模型を置いて撮影するのは日常の風景のようで、「またやってるな」と見慣れた様子で遠くから眺める教職員がいた。

学部一年生を対象とした「建築意匠と歴史」の第一回講義で、古谷はこう語った。

「大学は人が出会って錯綜することに価値がある。キャンパスはそのためにある」

2

研究室を支える縦横のネットワークと次々に飛び込んでくる人たち

六年一貫教育とエムゼロ

「エムゼロ向けのゼミ・プロジェクト説明会を始めます」

二〇二二年四月一日。大型ディスプレイ、パソコン、カメラなどの最新機器と、模型材料、消毒用アルコール、スナック菓子、漫画などの雑多なものが、所狭しと同居する混沌とした研究室で、司会の学生が慣れた口調で進行する。エムゼロという言葉は聞きなれないけれど、少し緊張した面持ちで説明を聞いている学生を見て、すぐに察した。研究室配属されたばかりの四年生をエムゼロと呼ぶのだろう。修士二年はエムニ（M2）、修士一年はエムイチ（M1）、その前段階はエムゼロ（M0）だ。

名称は、その意図を表す。B4ではなく、M0と呼ぶことで、四年間の学部の最終学年ではなく、六年一貫教育の前半三年間の基礎教育を終え、後半三年間の専門教育に差しかかった学年であることを示している。

この六年一貫教育は、二〇〇〇年に古谷が中心となって再編したカリキュラムから始まった。ユネスコと国際建築家連合（UIA）が共同で制定した建築教育憲章には、建築教育の最低年限は五年以上と明記されている。早稲田大学ではすでに大学院進学率が七割を超えていたこともあり、学部の四年間と大学院の二年間を合わせて、カリキュラムを再編した。ただし、学部と大学院が統合されたわけではなく、学部四年間で卒業する学生もいる。

他の大学では、大学院進学が内定している四年生をM0、進学せずに卒業する四年生をB4と呼び分ける場合がある。けれども、古谷研では大学院進学に関わらず、四年生は全員M0と呼ばれている。Mというアルファベットが示す修士の学位よりも、0、1、2という数字が示す研究室内での異学年のつながりを重視している。

スーパー助手① 古谷の右腕

研究室で異学年のつながりを維持するうえで、助手の存在は大きい。学生は修士課程の二年間、M0の一年間を入れても、三年間で卒業して入れ替わってしまうが、助手は長いスパンで学生をつなぐ。

「研究室は一代ごとに水平横切りではなく、縦につながっていることに価値があるので、つないでくれる助手の存在はものすごく大きいですね。もちろん僕は縦の一本軸としているわけだけれど、実際、学生にきめ細かく親身に指導ができるのは助手たちなので」と古谷は信頼を寄せる。

早稲田大学の助手は、博士課程の学生から選ばれる。奨学金制度のような位置づけといえるが、助手として学科の運営に関わる仕事をすると同時に、博士課程の学生として学位論文を執筆しなければならない。必然的に高い能力をもつ者が採用され、超人的に活躍することになる。

プロポーザルコンペの打合せ風景。学生がつくった模型を見ながら、木架構の次の検討作業を古谷に確認する宮嶋助手。

実際、古谷研の歴代助手は、タナパー▼4で名高い熊本大学の田中智之、佐賀大学(二〇二三年度より早稲田大学)の平瀬有人、モザイクデザイン(Mosaic Design)の中村航、エウレカ(Eureka)の稲垣淳哉はじめ、名だたる顔ぶれだ。

二〇二二年現在、古谷研には三人の助手がいる。ひとつの研究室に三人もの助手が集中しているのは、教授陣の世代による過渡的な状況だけれど、大所帯の古谷研には必要な人数だろう。三人の助手のうち、中心的な役割を担うのは、助手五年目の宮嶋春風《はるか》だ。古谷のスケジュールを把握し、研究室で取り組むプロジェクトの対外的な窓口の役割を担う。ある役所では、宮嶋の携帯電話の番号が代々担当者に引き継がれているという。

歯に衣着せぬ物言いで、学生に端的に指示するが、古谷に対しても忖度なく意見を言う。「古谷さんが宮嶋さんに怒られていた」と学生が噂話をするように、二人の会話をそばで聞いている私が肝を冷やすこともあるけれど、古谷が気分を害する様子はない。むしろ、宮嶋の率直な言葉に素直に耳を傾ける。年を重ねると、周囲にイエスマンばかりが集まりがちだけれど、その心配はなさそうだ。

一方で、宮嶋は細やかにまわりに気を遣う。人が望むことを察し、さりげなく手を差し伸べる。私は、宮嶋とともに、東松島、蒲郡、掛川、大崎上島、氷見などを巡る機会があったが、いつもまったく疲労感なく十分な成果が得られた。その状況を振り返ると、宮嶋が事前に綿密に計画しながらも、進捗や日没までの時間に応じてペース配分し、その日の気温やメンバーの体力にも目を配って適切に休憩をとりつつ、無理なく効率のよい調査・視察ルートを調整していたことに気づく。

なぜ、このような気遣いができるのだろう。その秘密は「おばあちゃん子」にあるというのが古谷の見立てだ。共働きの両親のもとで育った宮嶋は、おばあちゃんと多くの時間を過ごした。老人ホームでおばあちゃんの友だちと交流することもあった。異年齢交流の極みといってもよいだろう。

ちなみに、宮嶋は年下と付き合うのもうまい。卒業設計では三〇人を超える手伝い集団を率いて、クオリティの高い模型を後輩につくらせた。なぜ、そんなことができるのかと聞くと、「恩を売っていましたから」と冗談めかして答えるが、先輩として後輩にスキルを伝授してきたのだろう。

スーパー助手② 国際派の関西人

助手三年目の池田理哲《みちさと》は、高校生の頃から長期休みのたびに世界中を旅してまわっていたという国際派だ。訪れた国の中で最も性に合うイタリアを留学先に選び、ヴェネツィア建築大学で学んでいるときに、ヴェネツィア・カ・フォスカリ大学に通うイタリアの女性と図書館で出会った。そして、出会いから三年後にその女性と結婚した。まるで映画のような美しいストーリーですね、と水を向けると、「そんなかっこいいもんじゃないですよ」と、関西特有のイントネーションで返す。関西の血なのか、池田のまわりにはいつも笑いがある。

ヴェネツィアへの旅を計画していた私は、訪れるべき場所について池田にアドバイスを求めた。すると、グーグルマップに六六箇所ものピンを立て、コメントを添えてお勧めの場所を教えてくれた。建築だけでなく、アペリティーボ（立ち飲み）のためのバーやカフェ、さらにジェラートやスイーツのお店まで含まれていた。むしろ、飲食店の方が多いくらいだった。実際に店を訪れると、どれも雰囲気がよく、おいしかった。イタリアでの留学生活を満喫して、陽気にアペリティーボを楽しむ池田の様子が想像できた。

池田は、もともとジオ・ポンティの建築に興味があり、最近では、ル・コルビュジエ研究の一環としてラ・トゥーレット修道院などの実測調査にもとづく研究を進めている。モデレーター（司会進行役）としての能力も高い。だけど、本人は「僕はスーパー助手ではないです。斎藤信吾さんが助手だったときは、もっとたくさんプロジェクトがあったのに、全部ひとりでまわしていました。宮嶋さんもスーパー助手ですけど、僕はちがいます」という。謙遜しているわけではないようで、古谷研の行きつけの飲み屋では、「シモハタくん」を呼ばれ、先輩助手の宮嶋がキープしているウイスキーのボトルの最下部に「下端」と記し、「下っ端《したっぱ》」と書いて、シモハタです」とまわりを笑わせる。

もちろん池田も元来とても優秀な人だけれど、研究室で優秀さばかりを競い合うとギスギスしてしまい、それぞれがもつ力を発揮できず、チーム全体のパフォーマンスが落ちてしまうことがある。池田の天性の明るさは古谷研にとって不可欠だ。

スーパー助手③ 学生に寄り沿う体育会系

助手一年目の嵐陽向《あらしひゅうが》は、アイドルのような名前だけれど、まぎれもなく本名だ。名前だけでなく、外見も流行りのアイドルグループの一員のようで、いまはブルーグレーの髪にピアスをきめている。髪色も髪型もしょっちゅう変わる。ただ、見た目によらず、アメリカンフットボール部に所属していた体育会系だ。

幼い頃にカルロ・スカルパのブリオン家の墓地を訪れたことが建築に関心をもち始めたきっかけ、というできすぎたストーリーがあるが、これも本当だ。偶然にも入試で嵐の面接を担当した古谷も「そんな高校生にはこれまで会ったことがない」と、目を丸くしていたという。

卒業研究ではカルロ・スカルパの「水」をテーマとし、修士設計の作品は、早稲田建築設計賞、JIA全国学生卒業設計コンクール奨励賞などを受賞した。

幼い頃にカルロ・スカルパの建築に出会い、研究にも関心があり、設計能力も高いとなると、古谷のようなスター級のプロフェッサーアーキテクトを目指すのかと思いきや、嵐は「僕はわりと尖っていたというか、懐疑的な気持ちで古谷研に入ってきたんです。天邪鬼だから、憧れはもたないようにしています。憧れてしまうと、その人を越えられないから。それはスカルパでも同じなんですけど。よいところは自分のものにしたいし、悪いところはやめていきたい」という。

そう語る背景には、アメフト部での経験がある。体育会系といえば、先輩後輩の序列が厳しく、根性論で押し切るイメージがあるが、早稲田大学のアメフト部では、雑用は余力のある四年生が担い、一年生がアメフトを好きになり、うまくなる環境を整えている。前年度の運営方法で望ましくない点が指摘されると必ず改善する。日本一を目指すチームのマネジメントは、フィードバックを重視している。

天邪鬼を自認する嵐は、意識的に古谷に対して距離をとり、学生に寄り添う。「研究室の主役は学生だから、やりたいことをのびのびやらせてあげたいんです。トップダウンで指示されると、本音が聞けないし、愚痴がたまってしまうから」というが、反発しているわけではなく、「古谷さんの場所からでは、指示せざるを得ないことはわかっています」と冷静に状況を把握している。

宮嶋を中心に、池田と嵐がそれぞれの強みを生かして、チームとして古谷研の運営を支えている。古谷が意識的に采配しているかどうかわからないけれど、うまく機能している。

名誉助手の隠れた貢献

古谷研には、「名誉教授」ならぬ、「名誉助手」がいる。根本友樹《ゆうき》は、二〇一三年から二〇一八年まで助手を務め、現在は研究員として古谷研に所属している。愛と敬意を込めて「名誉助手」と呼ばれているが、退職後の称号である「名誉教授」とは異なり、現在も実質的に研究室活動を支えている。根本は後輩の面倒見がよく、出張や会計などの煩雑な手続きを解説するマニュアルを整え、根気強く学生に説明している。コンピュータやネットワークに強く、とくに対面とオンラインのハイブリッドでのゼミの際には、その場に根本がいるとトラブルがあっても対応してもらえると助手や学生が安心している雰囲気を感じる。カメラにも詳しく、写真撮影の際にも頼りにされている。

ときに、「印刷費がかかりすぎているので、無駄遣いを避けてください」「研究室が汚いので、徹底的に清掃してください」などと小言のような連絡が根本から届く。連絡を受けた学生たちは、さっそく印刷を控え、清掃する。根本からの警告がなければ、予算を上回る印刷費のせいで卒論出張補助費や修士設計補助費が削られ、整理整頓されていない作業環境で事故のリスクが増すだろう。嫌な役を引き受けるありがたい存在だ。

根本には助手の契約期間を終了した後も木質空間研究を継続したいという思いがあった。一方、古谷には引き続き根本に研究室をサポートしてほしいという目論見があった。そこで、研究費の中からいくらかの給料を支払い、研究員として残る道を備えた。根本と古谷の双方の希望を叶える解決策だ。助手の任期を終えた後に研究員として在籍することによって、学生時代を含め、根本は一〇年を超える年月をつないでいる。

講師の率直な願い

講師の王薪鵬《オウシンホウ》は中国江蘇省出身で、中国鉱業大学で建築を学んだ。ちょうどその頃、万里の長城の近くのヴィラ「長城コミューン」を日本人建築家三名（隈研吾、坂茂、古谷誠章）が設計して話題になっていたので、王は中国にいた頃から古谷の名を聞き及んでいた。

早稲田大学で修士課程を修了した後に助手を五年間務め、学位を取得して講師となった。助手としての仕事をしながら学位論文を執筆するのは大変なことなので、よほど研究に長けているのかと思いきや、「僕は研究もするけど、設計が好きです」という。その言葉を裏づけるように、古谷が手がける中国のプロジェクトのサポートだけでなく、自身の事務所でも精力的に設計活動を行っている。

学生の指導方針について質問すると、「学生への指導にあたって心がけていることは二点あります。一つめは中国人と日本人の区別をつけないで接すること、二つめは建築の話だけしようということ」と答えた。「建築の話だけ（ではなく、いろんな話を）しよう」という言葉を聞き漏らしたのではなく、「建築の話だけしよう」と王は言った。それほど建築が好きで、古谷の作品の中では初期の「狐ヶ城の家」の水彩ドローイングが大好きだという。

古谷を「心が広くて尊敬している」と評しながら、「僕は優しい人じゃないから、ガンガン言っちゃうんだけど、がっかりしている、ディサポインティング（disappointing）なことがあるんです」と衝撃的なことを言い出した。英語で博士論文を執筆した王は、微妙なニュアンスを伝えるために英語で補足することがある。あまりにもストレートな表現に、私は少し身構えて次の言葉を待つと、「古谷さんは建築に専念してほしい。すごい才能をもっているので、プリツカー賞をとってほしい」と言った。

プリツカー賞とは建築家に贈られる世界的な賞で、「建築界のノーベル賞」とも言われる。日本人では一九八七年に丹下健三が初めて受賞して以降、数名が受賞している。賞はともかく、

「建築に専念してほしい」という言葉を事務所のスタッフではなく、研究室のスタッフの王が口にするとは、利己的な思いはまったくなく、純粋に願っていることがよくわかる。王は、心底、建築が好きで、古谷の建築的才能に惚れ込んでいる。

古谷研を支えるスタッフは、それぞれの関心を反映するように、古谷の捉え方も実に多様だ。古谷が多面的な存在だからかもしれない。

留学生クチコミネットワーク

現在、古谷研には一〇〇人を超えるメンバーがいるが、かつてはそれほど多くなく、五〇〜六〇人程度だった。五〇〜六〇人でも十分すぎるほど多い。私は数年前に小学校一クラス分(三五人)の学生を研究室に受け入れ、指導できる限界だと痛感したことがある。これ以上受け入れるなんて私には考えられないけれど、二〇一四年に藤井が着任して以降、古谷研はさらに人数が増え始め、ほぼ倍増した。重点研究員となった古谷の代わりに藤井が着任したので、受け入れる学生数に変化はないはずなのに、なぜ、教員二人分の学生数を受け入れるというおかしな事態になったのだろう。

「いや、重点研究員は講義科目はある程度は免除されるけど、研究指導はしなきゃいけない。逆に言うと、我々の学問領域は、先生がひとりで机の前に座っていても何もできないからね。研究室の学生がいないと……」と古谷は説明する。やっぱり、みずから受け入れる学生を増やしている。

急増の背景には、トランプ政権の影響があると古谷は説明する。もともと古谷研は国内だけでなく、海外にも開かれていた。ロシア、ポーランド、フランス、イタリア、アメリカ、ブラジル、モンゴル、ミャンマー、タイ、韓国、中国など、さまざまな国の学生が古谷研に在籍していた。二〇一七年から四年間続いたトランプ政権は、中国人留学生のビザを無効化したり、入学前審査の厳格化を検討したり、中国に対して厳しい態度で臨んだ。そこで、これまでアメリカを留学先に選んでいた中国の優秀な学生たちは、日本に目を向けるようになった。その結果、古谷研にも中国からの留学生が激増した。

もうひとつ、身近で直接的な要因がある。中国からの留学生、程艶春《ティエンシュン》のブログだ。「ハルくん」と呼ばれる程は、帰国後、古谷研の活動の様子をブログで紹介した。これを見た中国の学生が古谷研を志望するようになったという。ひと頃は面接で研究室志望のきっかけを聞くと、「ハルくんのブログを見ました」と答える受験生が続いた。クチコミマーケティングのようなものだろう。国際化の時代にあっても、また、大学という教育機関にあっても、クチコミの影響力は大きい。

ただ、トランプ政権やハルくんのブログの影響があったとしても、この激増は異常事態だ。指導できる範囲を考慮して人数を絞るなんてことは考えずに、古谷はともかく受け入れる。まぁ、なんとかなるだろう、と楽観的だ。

海外で活躍する卒業生ネットワーク

古谷研から海外に飛び立ち、そのまま彼の地で活躍する卒業生たちのネットワークもある。

坂本知子は、古谷と同じく文化庁の海外研修制度により、バルセロナのエンリック・ミラーレスの事務所で研修を行っていた。ところが、ミラーレスは二〇〇〇年に四五歳の若さで急逝する。そこで、坂本は研修先を変更せざるを得なくなったが、なぜか設計事務所ではなく、建築書を中心とする出版社アクタールを研修先に選んだ。アクタールで本づくりのおもしろさを経験した坂本は、書籍を中心としたデザインスタジオを設立し、現在もバルセロナでブックデザイナーとして活躍している。

山添奈織は、交換留学生として、パリのラ・ヴィレット大学で学んだ後に、やはり文化庁の海外研修制度により、ジャン・ヌーベルのもとで実務経験を積んだ。その後、ルーブル・ランス美術館のプロジェクトにも関わり、現在はパリ五区にアトリエを構え、建築、インテリア、展覧会の会場構成など多岐に渡る仕事を展開している。

山添の同級生に本郷いづみがいる。本郷は、卒業後、広告代理店勤務を経て、ベルギーの名門、アントワープ王立芸術アカデミー・モード科でファッションを学び、現在もアントワープに拠点を構え、ファッションデザイナーとして活動している。本郷が早稲田大学の修士設計の発表会でファッションショーを行った逸話は、著書▼5に詳しい。その中に、以下のような記述がある。

「担当の教授には卒業まで迷惑をかけたに違いありません。大学院卒業生のために教授宅で毎年開かれる研究室の卒業パーティに備え、学生全員分のスリッパをつくりなさいと言われました。「反省文」ならぬ「反省スリッパ」です。スリッパはかなりの数に上りました。完成した「反省スリッパ」を当日、パーティにもっていきました。それで「手打ち」にしてくれた教授にはいまでも、とても感謝しています」

当の古谷は迷惑をかけられたとは思っておらず、「いつも学生の人数分のスリッパを用意できなくて裸足になってしまうから、ファッションショーをやった経験を生かしてスリッパをつくってみたらどうかと提案しただけなんだけど……」と言う。

日本から海外に飛び立ち、そのまま現地で活躍している卒業生、そして、海外から古谷研に留学し、帰国後、母国に戻って貢献している卒業生は、世界中のあちこちにいる。このような卒業生たちのネットワークが、学生の留学や海外インターンの足がかりになる。

こういう環境だったら、海外で学び、働くことを身近に感じられるだろう。古谷研の学生がうらやましい。うらやましがっている場合ではなく、私は自分の学生のために環境を整える立場なので、数人いる海外組と学生がつながる機会をつくることから始めよう。一歩目として、オンラインレクチャーなら手軽にできそうだ。

来る者は拒まず

古谷は、来る者は拒まない。もちろん、院試の基準点に達しているといったルール上の最低限の線引きはあるが、基本的には、来たい人は受け入れる。ただ、さすがにここまで大所帯と

なると、受け入れすぎだろう。なぜ、これほどまでに受け入れるのかと尋ねると、古谷はしばらく考えて、

「吉阪先生がそうだった」と答えた。

吉阪研は「去る者は追わず、来る者は拒まず」の典型で、猛者が集まり、梁山泊の様相を呈していたそうだ。「けっこう凶暴だった」と古谷は描写する。それと比べると「古谷研はちょっとひ弱なやつが多いけど」というが、大勢の学生が自由に出入りする雰囲気や場の魅力を古谷は学生時代に体感していたのかもしれない。

古谷はさらにこう続けた。

「『早稲田大学の先生の中で最も影響を受けた人は誰ですか、ひとりだけ挙げてください』と問われたら、僕は、正直に言うと、吉阪さんですね。やっぱり。直接の先生である穂積先生からは、もちろんたくさんの影響を受けたし、教わったことも多いですが、建築家としての姿勢とか、大学で教える側の立場としてのスタンスとか、穂積先生の真似は僕にはできない感じで、吉阪さんの真似はもっとできないけど……。刺激を受けたことは確かですね」

吉阪の「来る者は拒まず」という姿勢は、古谷が「僕の三倍くらい」というほどだが、当の古谷も、来る者は拒まないどころか、おもしろがって本気で付き合っている。学生の人数、とくに留学生の人数が増えれば手間がかかるのはわかっているはずなのに、どんどん受け入れて、日中韓ワークショップなどを進めている。

来る者は拒まない一方、来ない者へは、どのように対応するのだろう。そもそも、研究室に

来なくなる学生はいるのだろうか。助手の宮嶋に尋ねると、「いますよ。とくに学部では、卒論が書けなくて来なくなる学生がいます」と教えてくれた。来なくなった学生に対しては、「ゼミでどうにもできなくなると、藤井さんがメンターのような感じで連絡してくれて、学生本人が来れば個別に論文指導してくれますけど、来なかったら、まぁ放置ですね」という。予想どおり、「去る者は追わず」だ。私はつい気になって余計な世話をしてしまい、勝手に消耗することがある。その潔さを見習いたいとは思うけれど、放置する勇気がない。

ただ、古谷研でも、来ない学生の家まで先輩が様子を見に行ったり、「オンラインゲームにはログインしてるから生きてるね」と確認したり、最低限は気にかけている。このような情報は助手の間で共有している。いろいろと事件も起こるそうだ。「けっこうドラマがありますね。古谷さんの知らないところで、ですが」と宮嶋は実情を明かした。去る者は追わず、という潔さは、助手たちのフォローで成り立っている。

予期せぬことが次々と起こる——メディアテークとしての研究室

古谷自身は、古谷研をどのように捉えているのだろう。それを理解するためには、話は四半世紀前に遡る。一九九四年のせんだいメディアテークコンペ。古谷研究室として、ほぼ初めて応募したコンペだ。応募作品数二三五件の中から最終審査に進む三作品に選ばれたが、惜しくも次点となった。一等の伊東豊雄による提案は脚光を浴びたが、次点の古谷研の提案も折に触れて語られる。

古谷研の提案は、古谷の言葉によれば、「スペースをみじん切りにして、まぜこぜにしている」。人の動きとして説明すると、本を読みに来たり、展示を見に来たり、お茶を飲みに来たり、いろいろな目的をもった人がすれ違い、予期せぬ本を見つけたり、興味がないと思っていた作品に惹かれたり、思いがけない人に出会ったりする、そんなことがあちこちで起こる空間だ。

コンペから十数年後、古谷の学会賞受賞を祝いに卒業生が集まったときに、古谷はスピーチを求められ、次のように語った。

「コンペには落選して、さんざん悔しがったメディアテークだけど、そのときに考えたことは古谷研で実現しているような気がします。多少の時間差がありながらも入れ替わり立ち替わり出入りする学生たちが否応なく出会い、それぞれが活躍していて、まるで研究室がメディアテークのようだと、こうしてみんなの顔を見て、いま気づきました」

研究室に出入りするのは、学生だけではない。なぜかいつも変な人がいきなり飛び込んで来る。例えば、あるとき突然、早稲田大学の卒業生が美濃加茂《みのかも》市の若い市長を連れて古谷研にやってきた。「美濃加茂市は、合併後、いろいろな問題を抱えているので、なんとかしたい。ひとまずは、伊深村の昔の村役場をどうしたらよいか、とにかく見てやってくれませんか」と相談を持ちかけたきり、その卒業生は海外研修に行ってしまった。そんなあやふやな話は放っておけばよいのに、「よくわからないけど、とにかく行ってみよう」と古谷は出かける。すると、待ち構えていた坊主頭の和尚は、「俺はこの村役場は壊して建て替えたいと思っている」と主張している。抜き差しならない状況だ。私だったら面倒なことに巻き込まれたくないと思ってしまう

模型をつくったり、音楽を聞いたり、寝たり、
さまざまな活動が行われるメディアテークと
しての研究室。

けれど、古谷は日本酒を三杯ほど飲んでいるうちに手伝うことになってしまったらしい。紆余曲折の末、最終的には、旧伊深村役場は壊されることなく、地域の交流施設「いぶカフェ」に生まれ変わった。

またあるときは、古谷研の卒業生で現在はNASCAに勤める小坂諭美《こさかさとみ》が「学生時代のバスケットボールサークルの先輩から、『大崎上島の空き家に高校生の学習スペースをつくりたい』と相談されたのですが、古谷研でできますかね、ちょっと難しいですよね」となんだか気弱に古谷に申し出た。大崎上島は瀬戸内海に浮かぶ島で、美しい風景が広がるが、東京からのアクセスは悪い。サークルの先輩は学習支援を行うNPOのスタッフで、潤沢な資金は期待できそうもない。申し出た小坂でさえ躊躇するような状況なのに、古谷はここでもおもしろがって話に乗る。これが古谷研の大崎上島プロジェクトの始まりだ。研究室ミーティングのプロジェクト報告では、学生たちが目を輝かせながらセルフビルドの様子を伝えているが、成田発着の安い航空券を利用するなど資金繰りには苦労している。

このように、問題を抱えた人々がいきなり飛び込んできて、なんとかしてくれと古谷に頼む。それも一度や二度ではなく、次から次へとやってくる。怪しげなつかみどころのない話を、聞き流せばいいのに、おもしろく解釈して、乗っていく。それでのっぴきならない状況に陥ることもあるのだけれど、「怪しげな不動産屋の誘い」以外は乗るらしい。そして、最終的には、なんとかよいかたちにする。

私の研究室にも行政やNPOが相談に来ることがある。怪しげに見えなくても、たいてい予

大崎上島プロジェクト。古谷研メンバーが
地元の高校生と協働し、セルフビルドで空
き家に学習スペースをつくる。

算は限られていて、時間もとられる。だから、自分が割ける時間、学生への教育効果、社会への貢献度などを慎重に検討するけれど、古谷がそんな計算をしている様子はない。

いつも行き当たりばったり

刈宿俊文《かりやどとしぶみ》教授も、突然、古谷のもとにやってきた。刈宿の専門は教育工学で、ワークショップに代表される協働的な学びを研究している。いきなり研究室を訪れた刈宿は、「新しいコミュニケーションデザインの一形態としての授業を考えているのですが、どのような教室環境がよいかを一緒に考えてくれませんか」と古谷に迫った。新しく始める研究で、資金はない。具体的なプロジェクトもない。先の見通しはないのに、「『脳の鏡』の話を聞いたらものすごくおもしろかったので」という理由で古谷は即座に引き受けた。

古谷がおもしろがった「脳の鏡」は、刈宿が開発したパソコンソフトで、こどもが描いた絵を、描き始めから描き終わりまで、ビデオのように再生できるものだ。再生を繰り返して見ると、こどもがこだわった点や工夫した点を発見できる。こどもが絵を描くプロセスをレビューできるのは確かに興味深いけれど、建築にどのように生かせるのか見当がつかない。ところが、古谷は本気で取り組み始め、学生を巻き込んで共同研究を重ねていった。

その後、刈宿との協働は学校にとどまらず、公共空間へと広がった。古谷が設計した中里村新庁舎のワークショップのプログラムを刈宿が組み立てた。四回のワークショップのうち、前半の二回は、刈宿への謝礼を含めてワークショップに係る費用は古谷が設計料から捻出した。

後半の二回は、住民参加の補助金があるという情報を得て、村が県に補助金を申請して獲得した。研究資金も具体的なプロジェクトもなく、行き当たりばったりで始まった刈宿との協働は、外部資金を得て公共空間でワークショップを実施するまでに発展した。

東京大学の稲山正弘教授も不意にやってきた。しかも、農学部の学生集団を引き連れて押しかけてきた。稲山の専門は木質科学で、大断面集成材ではなく、地場の大工が扱いやすい中小断面で小学校を木造化する構想を古谷にもちかけた。このときも研究資金の話をしないまま、古谷は手弁当で始めた。ただでさえ多忙なのに、また手のかかる仕事を増やすことになるのに、そんなことは構わないようだ。押しかけられて、もののはずみで始まったけれど、途中で立ち消えることもなく、研究を積み重ねて学会発表を行い、その成果をもとにコンペに何度も挑戦して、とうとう熊本県の鹿北小学校で実現した。

現在の成果から辿っていくと、美しいサクセスストーリーに映る。だけど、古谷は「いつも行き当たりばったり。すべて、もののはずみで始まっている」という。

3 — まず、遊べ

なぜ、こんなに遊ぶのか

古谷研の人々は、よく遊ぶ。それも本気で準備して真剣に遊ぶ。宴会も多い。サッカーなどのスポーツにも趣味の範囲を越える情熱を注ぐ。古谷の誕生日会をはじめ、数々のイベントにかけるエネルギーは途方もない。

例を挙げると、古谷は前任校の近畿大学工学部で、学生が製図室で雑煮をつくるというイベントを企てた。製図室で料理をするなんて、しかも雑煮をつくるなんて、私には思いつかない。思いついたとしても、準備や後片づけが面倒だし、火の元の責任まで考えてしまって、重い腰が上がらない。

早稲田大学で毎年恒例となっている月影合宿では、昼間は真面目にゼミを行うが、夜になると、怪しげなパフォーマンスが繰り広げられる。このパフォーマンスは、女子が集まる部屋に入りたい男子が窓の外でヘンテコなダンスを踊って気を引いたというひょんなきっかけから始まり、以降、コロナ禍の一時期を除き、毎年行われている。いまや、卒業生たちが「俺らの代の月影では……」とめいめいに語り出すくらい、各世代に伝説が残っているらしい。なぜ、古谷研の人々はこんなに遊ぶのだろう。

「……まぁ、僕も嫌いじゃないからね」と、めずらしく古谷は言葉を濁した。なぜ、そんなあたりまえのことを質問するのか、理由などない、遊びたいから遊ぶのだ、という感じだった。

製図室で全国の雑煮をつくる

近畿大学工学部は、キャンパスが広島のまちなかにはないので、レクリエーションが少ない。そこで古谷はイベントを企画した。古谷研の学生が製図室で月に一回二人ずつ、元旦に実家で食べていた雑煮をつくるというものだ。それも、正確につくることを求めた。レクリエーションが少ないからイベントを企画するところまではまだ理解できるが、なぜ雑煮なのか。そんなことを推測しても意味はなく、古谷は直観的にひらめいて、突発的に始めたようだ。

近畿大学には全国各地から学生が集まる。雑煮は、関東では角餅ですまし汁、関西では丸餅で味噌仕立てといわれるが、実際に学生たちが実家の雑煮をつくると、極めて多様だとわかった。切り餅ひとつとっても、東京では薄いのし餅を切るが、関東でも地方にいくと、厚いのし餅を小口切りにする。

愛媛出身の学生は、雑煮の会の前日に釣りに行った。「穴子がないと、うちの雑煮はできないので」という理由だが、魚屋で買うのではなく、釣りに行くというのが実家でのしきたりなのだろう。「正確につくる」ことを求めた結果、仕込みは本格的になる。

有名な讃岐のあん餅雑煮をつくった学生もいた。あんは贅沢品で、せめて正月だけでも食べたいと餅の中に隠すようにあんを入れたことが由来だ。かと思えば、鳥取出身の学生が「うちの雑煮はこれです」とつくった雑煮は、どう見てもぜんざいだった。小豆雑煮は、もともとは塩や醤油で味つけされていたが、次第に砂糖を使って甘く味つけられるようになった。だから、見た目だけでなく、つくり方もぜんざいと同じだ。

男子学生が多かったせいか、自分では雑煮のつくり方がわからなくて、親に尋ねた学生もいた。広島でひとり暮らしをしている息子から「実家の雑煮のつくり方を知りたい」と言われた母は、材料一式とつくり方の手順を書いた手紙を入れた〈愛情小包〉を送ったという。その気持ちは、よくわかる。私も息子が大学生になり、ひとり暮らしをするようになったら、いそいそと小包を送ってしまいそうだ。

やがて学生たちは、「雑煮とは、関東であれ関西であれ、都市部の方がシンプルで田舎にいくにしたがって、具沢山でごちゃごちゃしてくる」という結論に達しつつあった。その頃、みんながびっくり仰天する雑煮が立て続けにつくられる。津和野の山奥から来た学生は、干し鮎の出汁だけで、他に具がない雑煮をつくった。さらに、広島県と島根県の県境の三良坂から来た学生は、するめと蛤だけのすまし仕立ての雑煮をつくった。干し鮎も、するめと蛤も、貴重なたんぱく源だ。海産物を腐らせないように漁港から山間部へ運ぶために、干した鮎や烏賊、そして口の閉じた貝を用いる。これ以上、シンプルな雑煮はない。

このように、全国各地の雑煮を、つくっては食べ、食べては議論し、結論をブラッシュアップした。

「雑煮というものは、概して、都市部の方が洗練されてシンプルであり、田舎にいくにしたがって地域色豊かな素材が投入されて比較的ごちゃごちゃした鍋のようなものになっていく傾向にあるが、本当の田舎になると、再び、シンプルになる」

一年ほどかけて真剣に遊んだ結果、雑煮の会は、風土を学ぶ機会となった。真剣に遊ばないとおもしろくないし、学びは深まらない。風土を学んだからこそ、見えてくる人間関係もあった。京都出身の学生の雑煮は、定番の白味噌仕立ての丸餅の雑煮ではなく、意外にも関東風の角餅を焼いたすまし汁だった。なぜかというと、その学生の母は京都出身だが、父は東京出身で、父を立て、関東風の雑煮をつくっていたからだ。

伝説の卒論ゼミ――月影合宿

新年度が始まったばかりの四月頃から、「月影が」「月影までに」「月影では」という言葉が古谷研で飛び交っていた。「月影」は、どうやら大事なイベントのようだけど、いったいなんだろう。誰も具体的なことは教えてくれない。「行けばわかります。楽しみにしていてください」と、助手や学生に言われ、何もわからないまま、当日を迎えた。宿周辺には徒歩で行ける店はないので、歯ブラシやタオルなどを忘れないように、というアドバイスどおりに準備した荷物を抱え、前日に受けたＰＣＲ検査と抗原検査の陰性証明書を携えて、月影に向かった。

月影で目撃したことを述べる前に、その背景を記しておきたい。発端は、四大学によるリノベーション・プロジェクトだ。法政大学渡辺真理研究室、日本女子大学篠原聡子研究室、横浜国立大学北山恒研究室、早稲田大学古谷誠章研究室、そして地域の方々が協働して、かつての

旧月影小学校を改修した宿泊体験交流施設「月影の郷」。校舎のファサードは杉板のルーバーで、冬は雪囲い、夏は日除けとなる。

月影小学校を宿泊体験交流施設「月影の郷」に改修した。

古谷研からは稲垣淳哉が常駐管理した。現在、エウレカ（Eureka）を共同主宰する稲垣は、当時、修士一年だった。このように古谷は当時の状況をさらりと説明したけれど、まわりに何もない月影に学生を常駐させるなんて、安全な環境なのか、ちゃんと食事はできるのか、娯楽がなくて飽きないのか、私はこまごまと心配になる。「稲垣が住んでいたのはあそこです」と古谷が指差した先は、もと郵便局の古い木造家屋だった。いまさらながら、ますます心配になる。

四大学四研究室でひとつの小学校を改修するにあたり、古谷は一階を担当した。「古谷さんは食いしん坊だから、厨房とダイニングルームがある一階の担当ね」という理由で決まったという。教室を宿泊室に改修する二階は法政大学の渡辺が、唯一の新築となる浴室棟は日本女子大学の篠原が、杉板のルーバーで構成されたファサードは横浜国立大学の北山が担当し、プロジェクト発足から五年を経て、月影の郷は二〇〇五年に竣工した。竣工当時は三階には手を加えず、月影小学校の面影をそのまま残していたが、その後、段階的に改修を行い、現在は民具展示教室として活用している。地元の方々から教えてもらった民具の使い方を解説するパラパラ漫画もつくった。このパラパラ漫画に地元の方々が登場する。時を経て、「ここに来ると元気だった頃のおじいちゃん、おばあちゃんに会える」という声が聞こえるようになった。

こうして月影小学校は、宿泊体験交流施設「月影の郷」に生まれ変わった。そのときから、古谷研ではゼミ合宿の投宿先として、毎年、通い続けている。

ガチゼミ

月影合宿に参加するため、東京から上越新幹線に乗って越後湯沢で降り、ローカル線を乗り継ぎ、地元の駅に着いた。ここで降りたのは、古谷、藤井、宮嶋、そして私の四人だけで、他に誰もいない。前入りしてゼミの準備をしていた学生が車で迎えに来てくれ、山道や畦道をひた走り、ようやく月影の郷に辿り着いた。東京から三時間くらいだけれど、ずいぶん遠くに来たように感じる。入口に置かれた「歓迎・早稲田大学古谷誠章研究室様」というレトロな立て看板が、時間的な隔たりさえも感じさせる。

古谷が「校長室」と書かれた宿泊室に、藤井と宮嶋と私の女性陣は「保健室」と書かれた宿泊室に荷物を置いて、学生が集まっているダイニングルームに向かった。ダイニングルームには、五〇人ほどの学生がひしめいていた。コロナ対策のために例年よりも人数を絞ったというけれど、それでも多い。資料が散乱している。プリンタまである。わざわざ大学からもち込んだそうだ。学生たちはぎりぎりまで修正を重ねて、レジュメを準備する。

一息つく間もなく、古谷の挨拶が始まった。管理人に感謝を伝え、月影小学校のリノベーションの概要を学生に説明した後、「四月から卒論に取り組んできて、四回目の卒論ゼミです。ここから長期に渡る調査を始めたり、文献に没頭したり。ここではっきり方針を定めないと、明後日から路頭に迷ってしまう。そうなると九月まで迷うことになります。今日、明日でキメましょう」と、このゼミの意義を強調した。

旧月影小学校の職員室を改修したダイニングルームでゼミを行う。奥に黒板が見える。学生たちは準備作業に余念がない。

間髪入れず、司会を務める助手の嵐が段取りよくゼミを進行する。卒論生の発表はひとり三分で、二、三人まとめて発表した後、先輩からの質疑があり、最後に藤井と古谷がコメントする。レジュメの準備が間に合っていない学生は順番を入れ替え、そのたびに少しざわつくけれど、集中力を切らすことなく、ゼミが続く。

午後一時から始まり、一気に一八人の卒論生の発表を終えると、三時間半ほど経っていた。大学教員は九〇分程度の講義に慣れていて、一時間半を過ぎるあたりで息切れしてしまい、休憩をはさむ場合が多いように思うけれど、古谷はコメントし続けた。私はパソコンで古谷の言葉を書き留めていたが、一万字を越えていた。

ガチサッカー

発表を聞いて、コメントを記録していただけなのに、私はかなりくたびれていた。気分転換に三階の民具展示教室を覗き、昔の暮らしを描いたパラパラ漫画などをひとしきり楽しんでから一階に戻ると、古谷の姿が見えない。さすがに疲れて「校長室」で休んでいるのかなと思いながら、杉板のファサードを見ようとグラウンドに出た。

グラウンドでは、学生たちがサッカーに興じていた。もともと小学校の校庭だったので、サッカーゴールが備えられている。学生たちは、男子も女子も入り混じって二チームに分かれ、一方のチームは揃いの青いビブスを着ていた。ビブス持参ですか……、と半ば呆れながらしばらく眺めていると、プレーヤーのひとりが古谷であることに気づいた。学生に混じって走りまわっている。シュートも決めた。

後で聞くと、ゲーム開始早々に転びそうになり、両手を地面についたらしい。手のひらは腫れ上がり、一晩、湿布をしていたが、すぐには引かず、食事のたびにお冷やが入ったコップをそっと手のひらに当てていた。この程度の怪我で済めばよい方で、以前はプレー中にアキレス腱を切って、救急車で運ばれた学生もいたそうだ。体を張って遊んでいる。

夜のガチパフォーマンス

ゼミとサッカー、そして夕食を終え、いよいよ「伝説の月影」の本領に迫る。みんなでぞろぞろと浴室棟の男湯と女湯の間のスペースに向かった。浴室棟の設計を担当した日本女子大の篠原は、設計時には想像もしなかっただろうけれど、ここが月影合宿にとって最も大切なスペースになっている。

学生から「仲先生、前の方にどうぞ」と勧められたけれど、なんだか怖いし、遠慮もあって、三列目くらいにおずおずと座ってみた。「前の方」というのは、このスペースの開口部のあたりで、四枚折れ戸はフルオープンになっている。開口部のすぐ外、裏山との間の平場には、なにやら人がいる気配がする。

みんなの期待が最高潮に高まった頃、開口部の向こう側がライトアップされ、パフォーマンスが始まった。このパフォーマンスは門外不出。写真撮影禁止。ウェブやソーシャルメディアにアップするなどもってのほか、とのことなので、ここで具体的に詳細を書くことは控えるが、人を楽しませるためのさまざまなエンターテインメントが繰り広げられていた。ピン、コンビ、グループでの芸があり、小道具、ときには大道具も用いて、衣装にも工夫を凝らす。視覚だけでなく聴覚、触覚などの五感を駆使して、学生たちが全力で演じていた。

この日のために数か月前からジムで体を鍛え、筋肉美をアピールする学生もいた。一方、ふくよかな体格を生かした笑いを誘う芸もあった。自作の小道具を用いたグループのダンスは、小道具のクオリティも振り付けのタイミングも完璧だった。卒論ゼミの準備で大変なはずなのに、よくぞここまで準備したものだ。かと思えば、ふらりとやってきて、アドリブで歌って黄色い声援を受ける芸達者な学生もいた。

そう、パフォーマンスを盛り上げるのは、オーディエンスだ。拍手、歓声、そして、合いの手も見事だった。歌舞伎の大向こうのように絶妙のタイミングで発せられる合いの手は、それ自体がひとつの芸のようだった。

ガチ講評会（パフォーマンス編）

パフォーマンスが終了し、オーディエンスは興奮の余韻に浸っていたが、まだ続きがあった。もう十分盛り上がって、喉が枯れるくらいなのに、古谷研の遊びはまだ納まる気配がない。

パフォーマーたちが外から戻ってくると、講評会のようなイベントが始まった。設計課題の講評会の形式で、教員たちが大真面目にコメントする。仕切るのは、助手の池田だ。実際に設計課題の講評会の司会を何度も務めているので、進行は手慣れたものだ。

浴室棟の男湯と女湯の間のスペースにオーディエンスが座り、開口部の先の平場でパフォーマンスが繰り広げられる。

「では、古谷先生、講評をお願いします」と池田から促され、古谷はいつものように講評を始めた。パフォーマーもオーディエンスも大騒ぎしていたけれど、静かに耳を傾ける。

「大変よい構成です。それぞれの体型やキャラクターといった特性を生かして、適材適所で活用していて、まさに多様性を尊重したインクルーシブなデザインと評価します。一点だけ注意してもらいたいのは、小道具の食材は大事に扱ってほしい。無駄にしないでください」

このコメントの中の「体型」「キャラクター」「食材」を、例えば「ヴォリューム」「質感」「材料」と置き換えてみれば、そのまま設計課題の講評会での学生の作品に対する指摘として通用しそうだ。あるいは、「経験年数」「得意分野」「リソース」と置き換えてみれば、組織マネジメントに役に立つ知見にもなりそうだ。

ホイジンガは、遊び研究の古典的名著「ホモ・ルーデンス」[▼6]において、「人間文化は、遊びの中において、遊びとして発生し、展開してきた」と主張している。月影でのパフォーマンスから設計課題や組織マネジメントに結びつけるのは後づけの無茶な解釈だけれど、ホイジンガの主張から外れてはいない。そんな詮ない私の推察をよそに、パフォーマンスの講評会は最終局面にさしかかり、「では、総合評価をお願いします」と助手の池田が促して、「Aプラス」と古谷が応じると、学生たちは歓声を上げて拍手した。

日本文化に触れる留学生送別会

月影合宿の他にも、古谷研にはさまざまなイベントがある。夏頃には、九月卒業の留学生のための送別会がある。この頃になると、いつでも本気で遊ぶ古谷研の流儀に私も慣れてきたけれど、ほぼ全員が浴衣を身にまとうと聞き、大所帯なのに、しかも留学生も含めて、どうやったらそんなことができるのだろう、もしかしたら参加者数が限られているのかもしれないなどと考えていた。

そう考えながら、いつも研究室ミーティングを行っている五五号館の大会議室の扉を開けると、殺風景な室内とは対照的に、大勢の学生が華やかな浴衣姿で談笑したり、写真を撮ったりしていた。留学生も日本人学生も女子も男子もみんな浴衣を着こなしている。

事情を聞くと、宴会係が日本人学生から集金して留学生用の浴衣を購入し、着付け用の部屋を確保したそうだ。留学生は自分では浴衣を着付けられないので、日本人学生のうち、経験がある学生が次々と留学生に着付けしていった。そういう学生がいない年度は、学生の母親がわざわざ大学に出向いたこともあったらしい。

よく見ると、日本人学生はそれぞればらばらな柄で、留学生は同じような柄の浴衣をまとっている。日本人学生は自前で用意し、留学生には研究室からプレゼントしたからだ。同じ時期に日本で学んだ留学生同士で同じような柄の浴衣をもっているのは、よい記念になるだろう。

さらに、記念品として扇子が贈られた。浴衣に扇子は抜群の組合せだ。留学生が日本文化の一端に触れた証として、浴衣と扇子を母国にもち帰るというよく練られた企画だ。「留学生クチコミネットワーク（一章二節）」で触れたハルくんのように、帰国後に古谷研の評判を触れまわる気持ちもわかる。

月影合宿での集合写真。前列中央が古谷。その右側に藤井教授、宮嶋助手、池田助手。古谷の左側に筆者、王講師、嵐助手が並ぶ。

そこまでやるか、バースデーケーキ建築

二月二〇日は、古谷研にとって特別な一日だ。古谷の誕生日。何曜日になろうとも、必ず盛大な誕生日会が開催される。これは、全国から卒業生が集まるＯＢＯＧ会でもある。

教授の誕生日会にみんなでケーキを食べるのはよく見かける光景だけれど、古谷研が用意するのは、ただのケーキではない。古谷が設計した建築を模したケーキを学生がつくるのだ。毎年、オリジナルのバースデーケーキ建築がつくられる。年度によっては、ケーキというよりも、ほぼ模型のようなバースデーケーキができあがることもあるけれど、必ず、おいしく食べられる。おいしさと同時に、建築としてのリアリティにもこだわり、例えば、「トップライトの位置はもっと高いはず、これでは表現できていない」と微調整に余念がない。ケーキだけでなく、箱もつくる。お菓子メーカーの不二家のロゴ（FUJIYA）を模して、FURUYAと記載した箱をつくったこともある。

ケーキづくりの発端は、二〇〇七年に古谷が学会賞を受賞したときのお祝いの会で、茅野市民館を模したケーキをふるまったことだと聞いていた。だけど、よくよく記憶を辿ってもらうと、その前からケーキで建築をつくっていたことがわかった。二〇〇一年に自邸Zig House/Zag Houseが竣工した年に、平瀬有人らがケーキでこの建築をつくって持参した。おそらくこれが第一作、二〇年ほど前のことだ。

二〇一一年に古谷が芸術院賞を受賞した際には、古谷の顔を描いたケーキをつくってお祝い

した。その頃から、学生が我流でつくるのではなく、専門家の指南を受けるようになる。当時、助手だった斎藤信吾の祖父は月島でケーキ屋を営むパティシエだった。また、ファッションデザインの仕事から学士編入した竹花洋子はケーキづくりに長けていた。このような方々の指導のおかげで、学生たちはスキルを身につけていった。

二〇二〇年以降のコロナウイルス感染拡大の状況下では、みんなで集まることも、ましてや、ケーキをつくることも食べることもできない。中止もやむを得ないと思うところだけれど、どんな状況でも、なんとかして遊び倒すのが古谷研流のようだ。誕生日会はオンラインで開催し、ケーキの代わりにスイーツをつくり、一〇〇人を超える参加者一人ひとりに事前に郵送した。準備の手間を想像するだけでめまいがしそうだけど、古谷研の人々はなんだか楽しそうにやっている。バースデースイーツ建築は、二〇二〇年度は「道の駅たのはた」をアイシングで描いたオリジナルクッキー、二〇二一年度は工事中の三物件の外形をかたどった焼印付きどら焼きで、四角形の焼印は「氷見市芸術文化館」、三角形は「平川市新本庁舎」、円形は「鹿島市民会館」だった。

そろそろ状況も落ち着き、今年度（二〇二二年度）はケーキを復活できそうな見通しではあるけれど、古谷は少し浮かない表情をして、「いざつくろうと思っても、ノウハウが伝授されていないからなぁ」とつぶやいた。縦のつながりが気になるようだ。結果的には、二〇二二年度は三年ぶりの対面開催で、学生たちが氷見市芸術文化館を模した完成度の高いケーキをつくり、古谷の六八歳の誕生日を祝った。

氷見市芸術文化館を模したバースデーケーキ（上）。コロナ禍でオンライン開催した2021年は工事中の三物件の外形の焼印付きどら焼き（下）を事前に参加者に郵送した。

よく遊び、よく学べ

雑煮の会、月影合宿、留学生送別会、誕生日会など、どれをみても古谷研は呆れるほど真剣に遊ぶ。なぜ、こんなに遊ぶのか。古谷は、すぐには答えなかったが、翌朝になって、「昨日の質問で思い出しました」と、改めて次のように説明した。

「『よく学び、よく遊べ』という言葉がありますが、古谷研でずっと言ってきたのは、『よく遊び、よく学べ』。遊びが優先なんです。そこにはちょっと考えがあって、学んでから遊ぶと、その遊びは、学んでくたびれたから『発散』しようとか、『休息』しようとか、そういうことになってしまうんだけど、先に遊ぶと、そこに何か発見があったり、何かをよく調べたいという動機が生まれたり、深く考えるきっかけになったりする。だから、古谷研は、順番を逆にして、『よく遊び、よく学べ』なんです」

ここで改めて、「よく学び、よく遊べ」という耳慣れた言葉の出典を調べると、明治時代の尋常小学校唱歌[▼7]と修身書[▼8]の「よく學びよく遊べ」にたどりつく。古谷が指摘するとおり、まず、「學べ」、「課業が済んだら」、「遊べ」の順で掲載されている。そして、「遊ぶ」には、勉強して消耗した活力を回復する目的の休息と、筋肉を鍛える運動鍛錬の両方を含むという説明が付されている。「学び」と「遊び」の順番を入れ替えるだけで、意味が変わる。鮮やかな反転だ。

4 — そして、学べ

三本柱——ゼミ、プロジェクト、研究室ミーティング

誕生日会などのさまざまなイベントがあり、楽しく遊んでばかりのようだけれど、日常的には、学生はゼミとプロジェクトと研究室ミーティングに地道に取り組んでいる。

ゼミは、卒業研究のための論文指導で、テーマごとに個別のゼミが設定されている。卒論生は関心があるテーマに合わせて所属するゼミを選ぶ。二〇二二年度は、高複合・高密度都市研究ゼミ、作家論研究ゼミ、芸術・情報空間研究ゼミ、木質空間研究ゼミ、地域デザイン研究ゼミに卒論生がついた。個別のゼミには古谷は参加せず、教授の藤井、講師の王、助手の宮嶋、池田、嵐、研究員の根本、さらに先輩である大学院生が参加して、卒論生を指導する。毎週のように少人数で議論するので、ゼミごとの結束力は強い。このような個別のゼミとは別に、月に一回、全員が集まるゼミがあり、「古谷さんチェック」と呼ばれている。古谷からの直接指導を得られる機会なので、学生はここに照準を合わせて研究を進める。学生数は多く、研究テーマは多岐に渡る。ひとりで指導するには限界があるけれど、個別ゼミで綿密に指導し、古谷が全体を統括すれば、成果を期待できる（二章参照）。

プロジェクトは、設計実務、実践的研究、ワークショップなどがある。その多くは企業や自

治体との協働で、早稲田大学の他の研究室と合同で取り組むものもある。年度の途中で新たに生まれたり、休止したり、完了したりと、流動的だ。その点では、コンペもプロジェクトのひとつと捉えられる。これらは、建築学科の研究室ならではの活動で、実践の場として学生を成長させる機会となる。ひとつのプロジェクトが完了すると、学生は、ひと現場上げたような精悍な顔つきになる。これは女子も男子も変わらない（三章参照）。

もうひとつ、古谷研の重要な活動として、研究室ミーティングがある。メンバー一人ひとりの話を小一時間ほど聞こう、という趣旨で行われている。多忙な古谷は全国を飛びまわっているが、研究室ミーティングは必ず週一回のペースで開催される。どうしても日程が合わない場合は、延期して翌週に二回、例えば、月曜日と木曜日に行われることもある。学生は、年に一回、みんなの前でプレゼンテーションする機会が確保されている。ここでは、目の前の課題への指導を越えて、学生の建築観や将来の展望に関わる議論が行われる。発表する学生にとっては、みんなの注目が集まり、古谷から直接コメントをもらえる貴重な機会だ。聞く側にとっては、発表した学生をよく知る機会になり、同時に、自身の建築観を見直すきっかけにもなる（一章五節参照）。

ゼミで研究成果を挙げ、プロジェクトで実践を通して社会に貢献し、研究室ミーティングで長期的な視点に立って建築を考える。この仕組みが、多くの卒業生が活躍する古谷研の人材育成の鍵といえそうだ。

黎明期は混沌の海――試行錯誤と疲労困憊の過程

このような研究室活動の仕組みは、当初から構築されていたわけではなく、試行錯誤の末に生まれた。古谷研も最初からうまく機能していたわけではないと聞いて、私は少しほっとした。まず、大学の研究室と設計事務所の両輪で設計を行うと古谷は方針を定めた。設計事務所で修行してやがて独立するのではなく、大学に残って設計するからには、研究室だからこそできる建築を生み出したいと考えた。その背景には、穂積研の助手時代に担当した早稲田大学本庄高等学院がある。これは日本初の完全な教科教室型の高校だった。穂積研で議論を重ね、一芸に秀でた生徒を育てるという方針のもと、例えば、数学の得意な生徒は数学棟に一日中ずっと入り浸ることができるような案を提示した。「とんでもない案だったけど、大学の研究室でしかつくれない建築だと体中で実感したんですよ」と古谷は振り返る。

古谷研の立ち上げ当初は、ひたすらコンペに応募し続けた。早稲田大学に戻ってきてすぐに横浜港大さん橋国際客船ターミナルの国際コンペ、そして、年明け早々にせんだいメディアテークのコンペに応募した。せんだいメディアテークは二位に入選し、手応えを感じていたものの、その後、歴代の学生たちと五年ほど応募し続けるが、すべて落ちる。「田中もいるし、俺もいるし、こんなに優秀な学生たちと一緒によい提案をしているのに、どうして勝てないんだろう」と思っていた矢先、二つのコンペにほぼ同時期に当選した。中里村新庁舎と茅野市民館だ。その後しばらくして、原寸大のものづくりのプロジェクトに取り組むようになる。

一方、ゼミの進め方は、当初は個別ゼミと全体ゼミの仕組みはなく、古谷が卒論生全員を指導していた。「屋台形式」と呼ぶ方法で、古谷のもとに次々と学生が来て一人ひとりと議論していた。疲労困憊の日々だ。しばらくこの「ひとり親方」のような方法が続いたが、ちょうど中里村新市庁舎と茅野市民館の設計が始まった頃に、当時助手だった平瀬が「自立型山岳建築の研究」という自身のテーマを掲げていたこともあって、テーマ別の個別ゼミが始まった。

研究室ミーティングが生まれたのも、ほぼ同じ時期だ。それまでにも実務的なミーティングはあったけれど、古谷から学生へ事務連絡や作業指示を伝えることが多く、学生は受動的になりがちだった。そこで、話題提供というかたちで、学生が日々考えていることを主体的にプレゼンテーションする場をつくった。

研究室活動の仕組みが整ってきたのは五年目くらいからだという。「それまでは混沌の海」と古谷は当時の状況を描写した。

研究室には家賃がかかる

古谷研の部屋は四室ある。学生が日常的に使用する部屋、古谷専用の部屋、そして、ゼミ・プロジェクト用の部屋が二室で、この二室のうち一室に藤井が、もう一室に王がいる。これらの他に倉庫が一室ある。

研究室がある五五号館は、N棟とS棟の二つに分かれており、学生が日常的に使用している部屋はN棟、古谷専用の部屋とゼミ・プロジェクト用の部屋はS棟にある。もともと、学生の

ゼミ・プロジェクト用の研究室。フラットテレビの奥に冷蔵庫、電子レンジ、炊飯器があり、その脇に模型が積まれている。

部屋はN棟の八階、古谷の部屋はS棟の八階で、向かい合わせに配置されていて、窓越しに様子を見て手を振れるような関係にあった。ところが、あるとき、当時、教授だった石山修武が、「石山研で使うから、場所を変わってくれ」と言い出し、一日で部屋を入れ替え、向かい合わせの関係はなくなった。古谷の一一歳年上の石山の武勇伝▼9はよく知られているので、その様子は想像にかたくない。

四室のうち、学生の部屋は大学から割り当てられ、古谷専用の部屋は重点研究員に対して貸与されている。残りの二室は家賃を支払う必要がある。一室あたり、ひと月二〇万円、一年間で二四〇万円。二室で四八〇万円と少ない額ではない。なぜ、こんなに高額な家賃を払ってまで研究室を維持しようとするのだろう。どうやって賄おうと思っていたのだろう。支払える見通しはあったのだろうか。次々と疑問が湧く。

「家賃ぐらい、なんとかなるかなと思ったんですよね」と、こともなげに古谷は言う。

家賃がかかる部屋は、もともとは菊竹清訓によるメガストラクチャー研究会で借りていた。この研究会は産学協同で、ゼネコンなどが出資して、家賃もそこから支払っていた。一九九四年に古谷が早稲田大学に戻ってきたときに、菊竹たっての希望で、それまで担当していた構造系の教授から意匠系の古谷に引き継がれたが、やがて菊竹は早稲田大学の客員教授を定年退職して、研究会を置いていった。それを返すこともできたのだけれど、「まぁ、せっかくだから」と古谷は研究会を続けた。心配になるほど楽観的だ。

実際は、心配に及ばず、以前から古谷と付き合いのあるメーカーとの共同研究などの外部資金を得て、なんとか家賃を支払うことができた。そうこうしているうちに、古谷はある策を思いつく。

「僕の事務所のNASCAがスポンサーになればいいんだ。そうすれば、完全に外部から資金を獲得しなくても、家賃くらいは支払えるだろう」

外部資金を獲得して自分の会社に還流すると、研究費の不正使用にあたるけれど、事務所から研究室に資金を投入するなら利益相反は起こらない、と古谷は説明する。

いいことを思いついた、というふうに古谷は言うけれど、事務所にとってはいい迷惑なのでは、とも思う。私が設計事務所で働いていた経験から考えると、「こっちは徹夜で図面を描いて稼いだお金なのに……」などと文句を言いたくなりそうだ。NASCAのスタッフ、とくにパートナーの八木は、事務所から研究室に資金を提供することをどう思っているのだろう。そう思って、八木に率直に質問したところ、「別にそんなことで文句を言いたくはならない。スタッフや学生さんは、思うところがあるのかもしれないけど」とあっさり答えた。何もかも飲み込んでいる様子だった。

宴会係などの八つの係

一〇〇人を超える学生を抱えて研究室を運営するためには、教員だけが指揮をとるのではなく、学生も役割分担する必要がある。そのため、古谷研には「係」が設定されている。現在は、名簿係、美化係、会計係、郵便係、図書係、ホームページ係、ネットワーク係、宴会係の八つの係がある。

宴会係だけは指名制で、いくら学生がやりたいと申し出ても、先輩が指名してくれなければ、なれない。宴会係に求められる資質は、盛り上げ役だけではない。段取り力が不可欠だ。企画を立て、必要に応じて予約し、出欠を把握し、昨今では感染対策にも気を配る。どんなに盛り上がっていても、冷静に状況を判断する力が求められ、とくに会計の際に必要となる。月影合宿や古谷の誕生日会など、古谷研には大規模で本格的なイベントがたくさんある。これらを企画運営するのは並大抵のことではないので、指名制とするのも頷ける。実際、歴代の宴会係は、初代助手の田中智之を筆頭に、学生時代も卒業後も目立って活躍している人ばかりだ。

他の係にも重要な役割がある。例えば、美化係からは「スプレーブースの清掃を行うので、参加可能な人は午後一時に集合してください」といったアナウンスが定期的に流れてくる。会計係は予算の執行状況などを周知する。ネットワーク係は新しい機器の設定方法などを案内する。

こうした「係」は、自然発生的に生まれたのか、または、組織運営を検討した末に設けられたのか、どちらなのだろう。

「僕が所望したのは宴会係だけ。早稲田に戻ってきたときに、『研究室というものには宴会係が必要だから、宴会係を決めろ』と最初に言ったんです」と古谷は答えた。いかにも、「まず、遊べ」の古谷研らしいが、ここは大学の研究室ですよね、と私はつい生真面目に確認したくなる。古谷は笑って受け流すだろうけれど。

宴会係以外の係は、助手が必要に応じて整え、明文化していった。現在では、研究室メンバー全員がなんらかの係を担っている。「一人ひとりが係として関われる場を用意しています」と宮嶋がその意図を説明した。一人ひとりが係として関わる場、つまり、誰もが組織に貢献できる場を用意している。直観的に見える古谷研の運営方法は、マネジメントの原則に沿っている。

一方、古谷研には、ゼミ長のような役職はない。私はゼミ長を頼りに研究室を運営してきたので、古谷研にまとめ役の学生がいないことが意外だったけれど、プロジェクトごとに優秀な学生リーダーがいるし、なによりスーパー助手が三人もいるので、スムーズに運営できるのだろう。うらやましい限り。

コミュニケーション・ツール

研究室でゼミやプロジェクトを動かすとき、スムーズにコミュニケーションできる環境を整えることは案外難しい。口頭で個別に対話できるうちは問題になることはあまりないけれど、人数が多くなると、時間や労力ばかりかかり、的確に伝わらない結果に陥ることもある。これは、大学の研究室に限らず、他の組織でも同じだろう。マネジメントの分野では、コミュニケーション・コストの削減は常に課題となっている。

質問、情報共有、意見交換などのやりとりはツールに依存するところが大きい。古谷研では、研究室全体の連絡手段として、メーリングリスト、スラック（Slack）、ライン（LINE）など複数のツールを利用し、状況に応じて使い分けている。併せて、ファイル同期ストレージサービスのボックス（BOX）やウェブ会議システムのズーム（Zoom）を併用している。

メーリングリストは、比較的正式なアナウンスに用いられる。とはいえ、出張申請や機器借用に関する自動メールも送られてくるので、重要度が高い連絡と、それほどでもない連絡が入り混じり、振り分けるのが煩雑になることもある。

中心的に活用されているのは、スラック（Slack）だ。全体連絡の他に、ゼミやプロジェクトごとにチャンネルが設定され、個人やグループへのダイレクトメッセージも活用して、即時に手軽にやりとりできる。スケジュールチャンネルには、カレンダーアプリと連動した予定の連絡が毎朝八時に届く。例えば、「地域デザイン研究ゼミ、午後二～四時」「菊竹プロジェクト、午前一〇～一一時」というようなシンプルなメッセージだけれど、自分が参加している場合はリマインダーになり、自分が参加していない場合は他のゼミやプロジェクトの状況を知る手がかりになる。ここには、卒業生もメンバー登録されているので、勤務先の会社が主催するワークショップや設計事務所のアルバイト募集などの案内が届くこともある。世代を超えてつながるツールにもなっている。

分厚い家族の一員

新入生ガイダンスで、後藤春彦教授は、「入学おめでとう。君たちは分厚い家族の一員になりました」と祝辞を述べ、早稲田大学の伝統と学友を「分厚い家族」と表現した。

確かに、研究室メンバーが家族のようだと感じる場面によく出会う。卒論ゼミでは、弟や妹の面倒をみるように、大学院生が親身になって卒論生を指導していた。それぞれのテーマや進捗状況に合わせて、「この論文を読んだらいいよ、というか、絶対読まなきゃだめだよ」「そろそろ調査スケジュールを立てないと間に合わないかもしれない」などと細やかにアドバイスしていた。

卒論生が研究対象とする施設に調査許可を依頼する文書を作成していたとき、助手の池田は「この依頼書は、先輩に見てもらった？」と尋ねた。調査依頼書にも作法がある。卒論生は初めて作成するので、勝手がわからない。そこで、大きい兄貴の役割を担う池田は、大学院生に弟分や妹分である卒論生の相談にのるよう暗に指示した。

初回の卒論全体ゼミを翌日に控えて準備していた際には、「開始は九時。その前に資料を整えるから八時半に集合。遅刻しないように」という池田からの指示に対して、卒論生が「遅刻したらどうなりますか」と尋ねた。池田は、その場にいない先輩助手の宮嶋の名前を挙げて、「遅刻したら……、宮嶋さんにぶっとばされる」と言った。大きい姉貴が睨みをきかせている。

人の作品を見よ、そして、人の作品の中にある自分の作品を見よ

卒論全体ゼミでは、必ずしもいつも全員が揃っているとは限らない。自分の発表が終わると退室してしまう学生が少なからずいる。古谷や藤井から指摘を受けて、今後の研究の進め方について個別のゼミごとに別室でミーティングを行っているそうだ。検討すべき課題と膨大な作業を抱え、締切に追われて余裕がない学生の気持ちも、わからなくはない。けれども、目の前のことだけを見ていると先細りの一途をたどるだろう。逆に言えば、卒論全体ゼミで次々と発

表される多様なテーマを隅から隅まで聞いていれば、視野が広がる。

この点を懸念して、「自分のゼミの発表が終わっても退室しないで、他のゼミの発表も聞くようにしてください」と藤井が注意喚起したことがある。私も、「聞き逃したらもったいないですよ」と部外者ながら、つい口を出してしまったことがある。思い返すと、古谷は第一回卒論全体ゼミの冒頭で、一堂に会する意味を考えよ、と学生に問いかけていた。このような事態を見越してのことだったのだろう。

設計課題の講評会でも同じような場面を見かける。学生は自分の発表には緊張した面持ちで臨むけれど、それが終わるとほっとするのか、徹夜明けの疲れもあってか、他の学生の作品を真剣に見ることは少ない。ある講評会で、古谷は次のように学生に伝えていた。

「人の作品を見なさい、これはよく言われるんだけど、もうひとつ、人の作品の中にある自分の作品を見るということも、とても大事」

人の作品を見ると、自分にはない視点を学べる。これも重要なことだけれど、そこで終わりにしないで、人の作品の中にある自分の作品を見る。そうすると、自分の作品だけを見ていたら気づかないこと、例えば、敷地分析が不十分だったり、図面表現が弱かったり、逆に、模型の迫力が際立っていたり、提案にオリジナリティがあったり、などが浮かび上がってくる。

5 一人ひとりへのポジティブ・フィードバック
——研究室ミーティング

生い立ちから語るプレゼン

プロローグで「物心ついたときから踊っているんです」という学生のプレゼンテーションを紹介した。これは研究室ミーティングでの一コマだ。

研究室ミーティングは、週一回、一八時三〇分から二時間くらい行われる。だいたい一回に二人発表するが、三人発表する時もあるし、都合により一名のみ発表することもある。発表者はスライドを用いてプレゼンテーションを行う。留学生に配慮して、スライドには日本語と英語が併記される。発表者の他に、司会役と議事録係が割り振られる。学生が発表した後、司会役の学生が自分の感想を述べたうえで、聞いている学生から質問や意見を募る。最後に、藤井と古谷がフィードバックのコメントを与える。

研究室の規模がそれほど大きくなくても、学生の話をじっくり聞く機会は、実はあまりない。早急な議題でもないのに、毎週、多忙な古谷が律儀に時間を割くなんて、どういうわけだろうと思っていたけれど、何度か参加するうちにわかってきた。研究室ミーティングは、メンバー一人ひとりの人となりや関心のありかに触れられる貴重な機会なのだ。

「発表のフォーマットは、とくにない」と古谷は言うが、ほぼ例外なく、学生は自分の生い立ちから語り始める。どこで生まれ、どのように育ち、現在に至るかを幼少期の写真を添えて語る。そして、これまでの設計課題やコンペの応募案などを提示する。さらに、アジェンダと呼ばれる問いを立てる。こうすることで、聞く側も受け身でなく、みずから考える場となる。「物心ついたときから踊っているんです」という突飛なプレゼンテーションに対して、古谷がおもしろがって議論を深める様子を目にして以来、毎週、私は研究室ミーティングを楽しみにしていた。このようなユニークな学生は例外ではなかった。エラーや故障に芸術的価値を見出すグリッチアート、アーヴィング・ゴッフマンの儀礼的無関心、数字における共感覚など、予想外のテーマについてのプレゼンテーションが毎週、繰り広げられた。「ひとりになれる場所をいつも探している」「日常生活の中での弱いデザインに魅力を感じている」「不便益（不便だからこそ生まれる豊かなもの）について考えたい」などと主張する学生もいた。

こうしたふだん考えたこともないようなテーマや、ナイーブでありながらも反骨的にみえる主張について、私だったらフィードバックに窮してしまいそうだけれど、古谷はどんなプレゼンテーションに対しても、意図を理解しにくいところは質問して、文献や事例を紹介しながら、議論を膨らませた。

以下に、学生が生い立ちから語るプレゼンテーションを一〇例ほど紹介する。これらは優秀な事例というわけではない。実際のところ、優劣はない。どれもこれも興味深く、引き込まれた。すべてを掲載したいところだけれど、紙面の都合上、古谷のフィードバックが強く印象に残っている事例を取り上げる。

ゲーマーの四つの目

ゲーマーで、かつ、山岳ワンゲル部に所属していたと自己紹介した学生は、これまでに一五〇以上のゲームをやってきたという。子育て中の親としてはゲームの悪影響が気になるけれど、これほどゲームに没頭していても早稲田大学に入学できるような秘策があるのかと私は興味津々で聞き始めた。

ゲーマーの学生は、「空間を俯瞰して捉える」というタイトルで、「みなさんが空間をデザインする際に、空間を俯瞰して考えた工夫はありますか」「都市を鳥の目で見たときに、何か発見したことはありますか」というアジェンダを示したうえで、「鳥の目」「虫の目」「こうもりの目」「魚の目」の四つがあると解説した。このうち、「鳥の目」と「虫の目」はよく知られている。鳥瞰図や虫瞰図という言葉もある。「鳥の目」は物事を俯瞰して捉える視点、「虫の目」は目の前のものを精緻に見る視点だ。これらの視点は、ゲーマーと山岳ワンゲル部に共通する。例えば、3Dアクションゲームでは、ゲーム機の上画面にマップ(鳥の目)、下画面に自分の視界(虫の目)が映し出される。山岳ワンゲル部では、地図(鳥の目)を頼りに、目の前の道(虫の目)を確認しながら山を登る。

学生の発表が終わると、古谷は、「とてもおもしろく聞かせてもらいました」と感想を述べた後、「『こうもりの目』と『魚の目』は、どういうものですか」と質問を投げかけた。学生はよく調べていたようで、「こうもりの目」は逆転して物事を見る視点、「魚の目」は潮流、転じて、過去から未来への流れを見る視点だ、と説明した。古谷は「僕は、『こうもりの目』は目が見えない状態で超音波で捉える視点、『魚の目』は地表から逃れられない人間とはちがって、魚眼的に三六〇度を見る視点かと思ったけど……。でも、逆転したり、潮流を捉えたり、という視点もおもしろいね」と応じた。

そして、ゲームだけでなく、山について語った点に共感を示し、「僕も山に登っていたときは五万分の一の地図が友だったんで、二センチが一キロで、ここに等高線が何本あるかで感覚的に勾配がわかるんですよ」と言った。やはり、古谷もヴァーチャルなゲームの世界よりも、山のようなリアルな世界に価値を置いているのだろうと思っていたら、最後に、ゲームが空間デザインにもたらす可能性に言及した。

「ダイビングのように三次元で自由自在に動ける身体を手に入れられたらおもしろそうだ。ゲームの中で身体を手に入れて、実体としての人間の能力を超えた新しい空間が生まれるかもしれない。これは、ゲームにしかできない空間デザインで、ひょっとしたら、『こうもりの目』と『魚の目』を組み合わせたところにあるかもしれないね」

古谷の指摘を、私は明確にはイメージできなかったけれど、ゲームはだめと頭ごなしに言うのはやめよう、次世代が切り拓くデザインの可能性を邪魔しないようにしたい、これは設計課題の講評でも心がけるべき態度かもしれない、などとあれこれ考えながら帰途についた。

スイミーのベクトル

「ちいさな建築」というタイトルのプレゼンテーションでは、冒頭でレオ・レオニの絵本『スイミー』が紹介され、学生がみずから描いた鎌倉大仏や佐渡グランドホテルなどの点描画が次々と示された。点描画とは、点の集合で表現する絵画の技法で、ジョルジョ・スーラの「グランド・ジャット島の日曜日の午後」が有名だ。

古谷も点描画に興味をもった様子で、「なぜ、点描画を描くようになったのですか」と質問した。学生は「生物の教師をしている母の影響です」と答えた。この答えが古谷の関心をさらに引き出した。「もうひとつ続けて質問すると、なぜ、生物では点描画を用いるのですか」と問いを重ね、みずから答えた。

「僕は正しい答えを知っているわけではないけれど、細胞の集合体として表現しているんだと思う。ここでもっと重要なのは、点描画は動きを表現しない、つまり静止画像になっているということ。何かを表現するには、それにふさわしい表現方法があるし、逆に、表現方法が固定されると、観察の着眼点が固定されるともいえる。点描することによって、あえて見ないようにしていることは何かを考えてみたらどうか」と一気に学生に語った。私は、上手な絵だなとぼんやり眺めていたので、古谷が、点描画、生物、細胞、動き、表現方法、着眼点へと一気に深めた考察についていくのがやっとだったけれど、さらに続きがあった。

古谷はスイミーに言及した。スイミーは古谷研にとっても重要なモチーフだ。一九九七年に磯崎新がプロデュースした「海市」展[10]に出展した際のコンセプトだった。そこでは、「大きなものは弱いが、無数の小さなものの集合は一撃では倒れない」という仮説のもと、必要に応じて集合と離散を繰り返す構成を提案した。「海市」での提案を例示して、粒から全体に向かうベクトルとは逆向きのベクトルも考えるべきではないか、と古谷は指摘した。

「双方向のベクトル、つまり、生成と消滅のメカニズムがあると、ものごとは進化する。一九六〇年代には価値観が大きく変化して、ローレンツのバタフライ理論[11]、磯崎のプロセス・プランニング論[12]、ベンチューリの多様性と対立性[13]など、小さな変化が大きな変化を引き起こすこと、状況を動的に捉えることなどが注目されるようになった。日本のメタボリズムが大きなムーブメントにならなかったのは、『成長』を主張したところまではよかったけれど、『縮退』や『再生』のプロセスに積極的に取り組まなかったからではないかと僕は思っている」

世界に影響を与えた文献を次々と紹介した後、「サッカーもスイミー的な局面があって、一撃ではやられない。一人一人で集まって守るから」と言って、コメントを終えた。私は文献をメモするためにペンを走らせていたところで急に意外な話題で締めくくられ、右往左往させられた。そういえば、学生は小学生の頃から一二年間サッカーに夢中だったと自己紹介していた。

ちがう色眼鏡

「『新しい』を考える」と題するプレゼンテーションでは、学生が真っ直ぐな瞳で「みなさんは、『新しい空間』はどのようにして生まれると思いますか。あるいは、どのような手法で『新しい空間』を考えますか」と問いかけた。

大学にいると、前提条件を疑って問い直すシーンに出くわすことがある。この事例で言えば、「新しくなければいけないのか」と聞き返すような場面だ。本質に迫るために必要な問いといえる場合もあるし、そこから先に進めないネガティブ・フィードバックとなる場合もある。古谷はどのようなコメントをするのだろうと思いながら、発表に耳を傾けた。

千葉で生まれて北京で育ち、通学バスの中から毎日レム・コールハースのCCTVを眺めていたせいか、自然な流れで建築に関心をもつようになったという学生がデザインした作品群は見応えがあった。また、単純に好きなものとして紹介されたホラー映画やパニック映画のインパクトも強烈だった。「ふだん目にしない刺激的な描写や現実ではありえないような世界観に惹かれています」と学生は説明した。

プレゼンテーションが終わると、古谷は開口一番、「とてもおもしろかったです」と感想を伝え、前提を疑うことなく、「『新しい』を考える」の筋道に沿って、どんどん論を展開していった。「そのエッセンスはスリラー映画にありそうだね。新しいものとは、いままで自分がもっていた知識では受容しきれないもの、想像できる範囲を越えているもの、こういうものは自分の幅を押し広げないと受け入れられないんだけど、自分で刺激を求めていることに気がついているところがおもしろいね」と、学生の関心を肯定したうえで、二つ目のアジェンダに言及した。それは「建築と組み合わせるとおもしろいと考えている分野や話題はありますか」というものだ。ここで古谷は考えるポイントを軌道修正させた。

「ちがうものとの組み合わせを考えるというよりも、ちがう視点で眺めて見たらどうだろう。一種の色眼鏡をかけてみる。ちがう色眼鏡をかけると、そこで何が可能だろうか。ものは変わっていないけれど、ものの見方という概念を導入すると、何百とおりもの見え方があるはずで……」

眼鏡をメタファーとして用いたことで、さらに話が広がっていった。

「かける眼鏡すらないいとき、いままでやったことがないことを初めてやるときは、もう無条件におもしろい。知らない者の強さというか。僕自身もやったことがない建築を頼まれると俄然やる気が出る」

このコメントは古谷が初めて手がけた医療施設、近藤内科病院[14]を思い起こさせる。一般的に医療施設の多床室はできるだけベッド数が少ない方が望ましく、多くとも四床までとされ、いまや六床や八床の病室はあまり見かけない。けれども、古谷は一〇床の病室を二室つくり、患者の足先が窓に向くように配置した。こうすると、他の患者の視線を気にしないでベッドから窓越しに外を眺められる。この形式はサンデッキ型病棟と名づけられ、病室の閉鎖的なイメージを一新した。

最後に、古谷は「『パリピ孔明』という漫画があって、三国志の諸葛孔明が現代日本に転生して渋谷のパリピたちとクラブで活躍するストーリーなんだけど……」と、時空を越えた視点について楽しそうに解説し始めた。後日、担当学生が書いた議事録を見返すと、「余談：三国志にはまっている、現代の渋谷にくるやつ」と記されていた。私はこの漫画をまったく知らなかったけれど、学生も知らなかったようだ。

創造と破壊の循環

漫画つながりで続けると、「AKIRA」をメインタイトルとしたプレゼンテーションも刺激に満ちていた。青山学院大学総合文化政策学部にて團紀彦の指導のもとで建築や都市について考えているうちに、より専門的に設計を学びたいと思うようになったという学生は、ダブルスクールで早稲田大学芸術学校に入学した。その間にも團紀彦の設計事務所でインターンやアルバイトとして実務に関わってきた。これらの経験を糧に、大学院を受験して古谷研の一員となった。

経歴もさることながら、大友克洋にインスパイアされて描いたというドローイングも見事だった。一枚の絵に一〇〇時間ほどかけたという密度の濃いドローイングには、聞いている学生たちも魅了され、質疑の際に次々と手が挙がり、「手描きに感動しました」「鉛筆画家の土田圭介を思い出しました」といったコメントが寄せられた。

古谷はプレゼンテーションのキーワードである「建築における動的平衡」に言及した。動的平衡とは、逆向きの過程が同時進行することでバランスをとっている状態を指す。福岡伸一の著書「動的平衡」[15]で広く知られるようになった概念だ。学生はこれを建築に適用し、プレゼンテーションのサブタイトルを「創造と破壊の循環による流れ」としていた。

「建築で動的平衡を考えるときにポイントは二つあって、ひとつは経年変化、もうひとつは利用者の動き。ひとりの建築家の造形で動的平衡状態をつくるのは不可能だから、建築として造形を与えるのはどこまでで、委ねるのはどこまでかを見極める必要がある」と古谷はコメントした。

古谷が指摘した二つ目のポイントを理解するためのキーワードとして、「オープンエンド」がある。この言葉は金融界や教育界などさまざまな分野でそれぞれの意味で用いられているが、古谷は独自の定義をもつ。そのイメージを古谷の言葉で伝えると、次のようになる。

「一本の棒があって、片方を僕（建築家）がつかんで、もう片方をユーザーが自由に使えるようにしておくときに、片方をちゃんとぎゅっと握っていないと、ユーザーは使い方がわからなくなってしまう。つまり、固定端があることで、開放端が自由になる」

このイメージを理解していれば、ここで古谷が問題にしているのは、どれだけ強く、あるいは弱く握るか、という点だとわかる。でも、わかったところで、すぐには答えが出ない。

しばし沈黙の後、古谷は津田一郎のカオス的脳観▼16を紹介し始めた。学生たちがカオス的脳観を知らない様子を察してか、噛み砕いて解説した。

「脳にはさまざまな領野があるけれど、最初から機能が決まっているわけではなくて、脳全体として働いている間に次第に領野が分かれていく。これこそが動的平衡で、カオス的。もっとおもしろいのは、脳の一部が損傷されたとき、別の脳細胞が代わりに機能するようになるということなんです」

そのうえで、「都市の構造も同じではないだろうか」と問いかけた。すぐには答えの出ない問いだ。

横断と不動

「横断的に切り込んでみる」というタイトルでプレゼンテーションした学生は、学部時代は法政大学の赤松佳珠子研究室で建築を学び、大学院から古谷研に所属している。横浜で生まれ、小学校は仙台、静岡、東京と転校を重ね、タイトルどおり、横断的に切り込んできた。

スライドに提示された作品群は、日射や風などの〈見えない〉環境解析と〈見える〉空間設計を横断したり、ツールとしてドローイングや3Dモデルや模型を横断的に活用するものだった。また、「案を寝かせなさい」という赤松からの指導を時間的横断と位置づけていた。淡い色彩で表現された作品群はどれも美しく、でも、なんだか儚い。横断を志向する以上、儚さがつきまとうのかもしれない。

古谷は、まず質問した。「いまここで語られた生い立ちから各作品の解説までに登場している横断は、自分が意識して能動的に横断することを指しているのか、それとも、否応なく横断させられて、受動的になっていることを指しているのか。どちらですか」

学生は、最初は「両方あると思います」と答えたが、言葉を重ねるうちに、「最初の頃は受動的だったけれど、卒業設計では能動的に捉え始めたことに、いま気づきました」と、短い時間で自己省察を深めた。これを受けて、古谷は質問を重ねた。「では、もうひとつ質問します。横断し続けていると見えないものは何かあると思いますか。あるいは、横断しないことによって見えるものはありますか」

横断しないこと。その例として、古谷はカルロ・スカルパと菅井汲《すがいくみ》を挙げた。

「スカルパはイタリア語でもヴェネト地方の方言しか話さない。そして、いつも同じ店の同じ席で同じものを食べていた。菅井汲というパリで活躍した画家は、スピード狂でポルシェで交通事故を起こしたりするんだけど、同じことを追求するタイプでもあって、雑誌のインタビューで『昼ごはんはスパゲティとサラミソーセージに決めている』と言って、なぜかと質問されたら、『考えるのがめんどくさいでしょ』とそっけなく答えるんだけど、本当はちがう。岩の上に張り付いているような『不動』を、意識的に手に入れようとしていたんだと僕は思う」

ここから古谷は、学生自身の問題として問いかけた。

「横断に価値を置きすぎると、動かないことによる根の生えた強さが欠落してしまう。みずからボヘミアン的な経験をして、処世術を身につけて、快適なものを追求していくうちに、その正反対のものがもつ強度に対して、見ないふりをしてしまっているのではないだろうか。多様性だけ、変化だけを求めていてはだめで……。僕はいつも多様性を大事にしているけれど、それだけに流されないようにしてほしい」

このコメントを受けて、学生は「古谷研に入って、どんどんプロジェクトを渡り歩いて、頑固にひとつのところにとどまってじっくり考えることが欠けていました。最近はそういう暮らし方をしていたので、今後は、動かない視点をもって過ごしてみようと思います」と答えた。

暮らし方、過ごし方まで議論が広がるのは、生い立ちから語るプレゼンテーションのおかげだろう。論文指導やデザインエスキスだけしていたら、こういう状況は生まれない。

ハーモニーとスパイス

パリで生まれ、ブリュッセルで建築を学んだ後に、早稲田大学の修士課程に留学している学生のプレゼンテーションでは、美しいスライドが示された。見慣れないサンセリフ体の細いフォントで、よく見ると、英語とフランス語が混じっていた。口頭での英語の発表にもフランス語のニュアンスが感じられた。

まず、アート（ドローイング、ペインティング、デザイン、デジタル、イラストレーション）とスポーツ（ジム、サッカー、スイミング、バレーボール）に興味があると自己紹介した。次に、図表を用いた人口構造の分析、地図を用いた都市構造の分析、さらにマテリアルの調査としてルーヴェンの街のあちこちから収集したブロックの写真群など、多数のデータを示した後、美しく統一感のある作品を提示した。

意外だったのは、影響を受けた本としてイタロ・カルヴィーノの「見えない都市」[17]を挙げたことだ。調査分析にもとづいて合理的に美しく組み立てられた作品と、イタロ・カルヴィーノの不気味で不条理な世界観には、大きな隔たりがあるように私には感じられた。

ところで、英語での発表には古谷も英語でコメントする。以下のやりとりは、英語で行われたものを私が和訳した。

古谷は、留学生が提示した調査分析結果をもとに、「私たちはそれぞれ都市に対してさまざまなイメージをもっている、ということでいいですね」と結論づけ、その内容を確認した。結果を羅列するだけではなく、結論として示すことが必要だと、みずから実践して指導したと私は解釈したけれど、古谷は意識的にやっているわけではなさそうだし、留学生も結論の示し方について指導を受けたと理解したかどうかはわからない。

次に、設計案に着目して、各々の要素を調和させようとする学生の姿勢を肯定した。古谷は“harmonize”という単語を用いたので、無理に和訳せずに、ハーモニーをつくりだそうとする姿勢、と書いた方が伝わりやすいかもしれない。

ここまでの論理を留学生が理解しているかどうか確認してから、古谷は比喩を用いてこう問いかけた。

「だけど、ときには、スパイスを加えて都市に刺激を与えるような可能性を検討してみたらどうですか」

古谷は食に関する比喩を好んで使う。例えば、エスキスでは、まだよく練られていない形態に対して「生硬《なまがた》いかたち」と表現したり、もっと直接的な例で言えば、中心部分のエリアを「あんこみたいなところ」と指し示す。食べ物に喩えるのは、古谷の十八番《おはこ》といえる。

生まれ育った国がちがっても、食に関する比喩は共通認識を得やすい。フランスから来た留学生は、よく理解できた様子で何度もうなずき、エレガントに微笑んでプレゼンテーションを終えた。

徹底的に退屈

「あまりにもきれいで、むしろできすぎではないか」と、古谷が舌を巻いたプレゼンテーションは、物語的思考をテーマとするものだった。幼い頃から積み木遊びが好きで、成長するにつれて小説、写真、映画、舞台に関心をもつようになったという学生は、「自分で物語をつくったり、他人がつくった物語を体験したりすることに夢中でした」と、物語を軸に自分の趣味を紹介した。さらに、これまでの設計課題の作品についても、物語をキーワードとして破綻なくまとめて説明した。

このプレゼンテーションに対して、「これまでやってきたことの記録を残していることもすごいし、時系列で並べて客観視できる能力もすごい」と、古谷は賞賛の言葉を口にした。ただ、コメントはそこで終わりではなかった。

「一方で、自分でも理解し難い矛盾を封じ込めてしまうようなところがある。それでよいのだろうか。あなたの関心の先にあるものを、僕が受け取って膨らませてみると……」と、警鐘を鳴らしたうえで、話題を広げた。

取り上げたのは、太田省吾の「地の駅」だ。大谷石採掘場跡の最もノミ跡がクリアに残るスペースで上演された二時間の無言劇で、気がつくと女優が歩いている。二メートルほど歩くのに五分かかるような非常にゆっくりとしたスピードで、でも、歩みを止めない。一方で、ある人気ドラマを制作したプロデューサーが「人生の退屈なところを全部削ぎ落としてこのドラマをつくった」と言っていたのをテレビで偶然見かけた太田が、「自分は逆だ、と気づいた」と語ったことを紹介した。

このエピソードを踏まえて、古谷は学生に次のように伝えた。

「人はスピードアップに慣れてしまう。スピードダウンすると、このうえなく退屈なものに感じるけれど、そこに豊かさがある。いったん徹底的に退屈なものを見てごらん」

この話には後日談がある。古谷は毎年のように鈴木忠志の芝居を見るために利賀を訪れる。今年は、物語的思考のプレゼンテーションをした学生を含め、数人の学生を連れて行った。私も同行した。金沢に集合していくつか建築を見た後、延々と山道を車で走った。もっとも、学生や私は後部座席に座っているだけで、助手の宮嶋がずっと運転し続けた。ナビがアップデートされていなくて道なき道を進んだり、雨天時通行止めで迂回路を案内されたりしながら、ようやくたどり着いた。そこで見た野外劇「世界の果てからこんにちは」は、すぐには言葉が出ないほど圧巻だった。もちろん、演劇の内容によるところが大きいが、時間をかけてたどり着き、ここでしか見られない舞台だったからこその価値があった。

いまやストリーミングサービスを使えば、自宅のソファで映画を観ることができる。倍速視聴をする人もいるらしい。効率はよいだろう。でも、そこに豊かさはあるか。古谷の問いを思い出した。

巷の文化

古谷研には、中国からの留学生が多い。留学生も日本人学生と同じように生い立ちから語るプレゼンテーションをする機会がある。自分が得意な言語で発表するので、英語の場合もあり、日本語の場合もある。聞く側のほとんどが理解できないので、中国語での発表はない。多くの興味深いプレゼンテーションがあったが、その中からひとつ紹介する。

「体感しながら暮らす」というタイトルで、江蘇省常州市出身の学生が、福岡の日本語学校を経て早稲田大学の修士課程に入学したと自己紹介した後、武漢には巷《コウ》の文化があると紹介した。巷の主な機能は住宅で、一階は商業空間となっているものが多く、最も歴史があるのは同興里だと説明した。

その後、話題を転換して、中国の江蘇省と武漢市、日本の福岡と東京を比較検討した。江蘇省は優しく古色蒼然。武漢市は率直で実務的。福岡はゆっくり、リラックス。東京はコンパクト、忙しい。スライドに各都市の比較が示された。このスライドを見て、私は違和感を抱いた。福岡はゆっくり、リラックスという感覚が、門司で暮らした経験のある私の実感とはかけ離れていた。

古谷も同じように感じた様子だったけれど、違和感とは言わず、むしろ肯定的に、「とてもおもしろい比較。福岡がゆっくりでリラックスした感覚というのがとても新鮮。東京育ちの僕からすると、福岡は活気があると感じるんだけど、『江蘇省から来ると、そう感じるんだ』という点がとても新鮮でおもしろいですね」と言い、自分とはちがう感覚を尊重した。

さらに、「中国では、坊《ボウ》と巷《コウ》と言いますね」と、巷の文化に言及した。古谷は中国に詳しい。古谷研には通称・アジアゼミ（高複合・高密度都市研究ゼミ）があり、長年、現地調査を積み重ねてきた。その知識をもとに、巷のような細い路地が本所、深川、向島あたりにあったことに触れた。さらに、これらの下町の人たちが関東大震災後に大勢避難して来たため、古谷が住む三宿には小さな道や銭湯があると解説し、最後に、学生に次のような問いを与えた。

「どうやったら東京に『巷の文化』のようなものを復活、あるいは、つくりだすことができるのだろう」

学生はすぐには答えられなかったし、古谷も求めなかった。

紡ぐ主体は誰か

森が学校プロジェクト（三章一節）で馬のひづめ展望デッキを修復する作業が続いていたときに、ひときわ元気がよい学生がいた。小柄な女性ながら、インパクトレンチを構える姿がサマになっていた。プロ並みの大きなレンズを備えたカメラを首から下げ、修復作業をしながら撮影にもいそしんでいた。いつも笑顔でエネルギーに満ち溢れている彼女はどのようなバックグラウンドなんだろう。研究室ミーティングでプレゼンテーションを聞くのを私は楽しみにしていた。

「記憶を紡ぐ」というタイトルで、「記憶を紡ぐ意味と意義はなんでしょうか。また、建築を知らない一般人へ向けて、どう説明・説得していくべきだと思いますか」という問いかけからプレゼンテーションが始まった。冒頭で、「私のいままでの人生は、表現することがすべてでした」と語り、写真はコンテストに入賞するほどの腕前で、自前でインパクトを購入して制作したセルフビルドの展示ブースがスライドに示された。どうりでサマになっていたわけだ。「記憶を紡ぐ」というテーマをつかんだきっかけは、学部時代に鹿児島大学鯵坂研究室で取り組んだ麓《ふもと》プロジェクトで古民家の実測調査などに関わったことだという。卒業論文、卒業設計でも、「記憶を紡ぐ」をテーマに、九州最古の製紙工場の遺構を対象とした。そのとき、他学科の学生から「どうして昔の建物をまだ使おうとするの？新しい方がよくない？」と言われ、答えに窮した経験がアジェンダにつながる。

このプレゼンテーションに対して、古谷は、淀みなく一気にコメントした。

「キーワードをつかみかかっているけれど、もう一歩、踏み込んだ方がいいね。紡ぐとは何か。誰が紡ぐのか。アジェンダの後段に『建築を知らない一般人へ向けて』と書いてあるので、明らかにつくる側の論理になっている。紡ぐ主体として『私』ではなく、『私たち』と言ったときに、対象は同じでも記憶はそれぞれ異なるし、みんながバラバラにもっている記憶を撚り合わせてひとつの織物にすると、共同体に属していると感じられるかもしれない。古いものと新しいものを紡いでいくとなると、また意味がちがってくる。紡ぐ主体は誰で、対象は何で、その先に何があるのか……」

話の展開が早く、学生は簡単には飲み込めていないようだ。そのフォローをするというわけではないようだけれど、古谷は肯定的なコメントをつけ加えた。「『私は東京しか知らないままでよいのか』と思ったところがおもしろい。なぜ鹿児島を選んだのかはわからないけど、チャレンジ精神があるね」

その日の夜、私はこの学生とメッセージをやりとりする機会があった。そこには、「今日のフィードバックから自分の考えの浅はかさが浮き彫りになり、もっと色んなものに触れ、考えなければなぁ、と思いました」と記されていた。古谷のフィードバックは、学生には大きな問いとして残ったようだ。

生涯の問い

研究室ミーティングでの学生のプレゼンテーションに対する古谷のフィードバックは、一貫して肯定的だ。もちろん、不足している点は厳しく指摘するし、偏っている点に新しい視座を与えることもある。だけど、学生は古谷のコメントを聞いて、「もういやだ」とやる気を失うことはないだろう。むしろ、先に述べた「紡ぐ主体は誰か」という問いを与えられた学生のように、「もっと考えなければ」と思うはずだ。

古谷のフィードバックを通観すると、いくつか特徴があることに気づく。まず、学生の視点に対して、古谷は逆向きの視点を与えることがある。しかも、一般的にはよいとみなされているものとは逆の方向を示唆する。例えば、生成に対して消滅を、横断に対して不動を、ハーモニーに対してスパイスをというように、双方向の視点で考えることを促す。

それは、学生にとって、自分が想像できる範囲を越える試みになる。

また、建築以外の分野にも目を向けさせる。プロローグで紹介した坂本公成のダンス、ローレンツのバタフライ理論、漫画『パリピ孔明』、津田一郎のカオス的脳観、画家の菅井汲、太田省吾の『地の駅』など、古谷が挙げた例は十指に余る。これらによって学生の視野を広げる。

そして、福岡をリラックスと捉えた学生に対して「新鮮だ」と評価したように、自分の感覚とはちがっていても、学生それぞれの捉え方を尊重する。これは、論文指導や設計エスキスでの態度とは異なる。論文指導や設計エスキスでは、「こうすべき」「この方向はない」とはっきり指示する。一方、研究室ミーティングでは、「僕はこう思うけど、あなたはどう考えますか」と、問いを与える。

古谷は常々、「吉阪先生の問いは長持ちする。僕はいまだに考えている」という。そういう古谷の問いもまた、学生は生涯の問いと受け止め、ずっと考え続けるものになるだろう。

Chapter 2

研究も、設計も

ゼミ・プロジェクト用の研究室のロッカー。展覧会の案内とともに、フランク・ロイド・ライトのポートレイトが貼られている。

1 ― 研究への敬意

研究してください

失礼ながら、古谷研は予想していたよりもずっと真摯に研究している。

設計を行う研究室では、「研究ばかりしていても、よいデザインは生み出せない」「研究のための研究に、なんら価値はない」といった批判を耳にすることがある。逆に、設計を行わずに研究に専念する研究室では、「建築家による研究はいいかげんだ」「研究の作法が身についていない」と咎める声を聞くこともある。設計と研究には対立する雰囲気があると感じることは少なくない。

古谷研は建築家・古谷誠章が率いる研究室なので、設計に重きを置き、研究は軽んじられているかもしれないという先入観をもっていたことが恥ずかしくなるほどに、古谷研では、みんな設計にも研究にも本気で取り組んでいる。研究を大事にする姿勢について、助手の池田が気づいていることがある。

「コンペやプロジェクトでも、古谷さんは『調べてください』とは言わないんです。必ず、『研究してください』と指示します」

つまり、すでに明らかになっていることを「調べる」のではなく、まだ見ぬ知の領域を切り拓く「研究」を行うよう指示する。さまざまなプロジェクトの名称に「森が学校計画産学共同研究会」「木質空間研究会」「次世代医療研究会」などと、「研究」が付されているのも、研究によって新たな価値をつくりだそうとしているから、と池田は補足した。

そこで、「研究を大切にしているように感じますが、なぜでしょうか」と古谷に質問した。

「素朴におもしろくて。もしかしたら、ご本人が行っていることを僕が誤解しているのかもしれないけれど、その誤解の中にもまた別のヒントが潜んでいたり。僕は研究者ではないので、わりと気楽で、誤解を恐れる必要はないんですよね。誤解にもとづいて自分の発想が湧いてきたら儲けものみたいな……」

ふーん、おもしろいと感じるんだ。私は、専門分野の既往研究は押さえておかないといけないし、最新の動向も把握しておかないとまずい、などと目先のことに追われていて、すっかり忘れていた。研究は本来おもしろいものだ。楽しそうに語る古谷の言葉を聞いて、そのことを思い出した。

想像力の鍛え方

「深い研究に対しては簡単に理解なんてできないんですけど、こういうことを言っているんじゃないかな、と想像力を働かせて聞くことは必要です」と語る古谷は、どのように想像力を鍛えたのだろう。

話は古谷の師、穂積信夫の兄貴分である安東勝男に遡る。安東は西早稲田キャンパスの建築群を設計したプロフェッサーアーキテクトだ。古谷に目をかけ、将来を嘱望していた。「アンカツさん」という愛称で呼ばれ、ダンディで洒落た都会派だったという。オムライスを食べたいけれど、大の男がこどもが好むようなものを注文するのが恥ずかしくて頼めなかった、という逸話が残っている。

古谷が学科助手になったときに、安東は「今日から君は大学の助手になったのだから、学生がエスキスの相談に来たら、その場で一案ずつつくるつもりでやりなさい。それくらいできないとだめだよ」と言った。そう言われても、きっと多くの人は聞き流すだろう。私は素直に従う方だけど、それでも二、三回は取り組んでみても、やがて忘れてしまいそうだ。ところが、古谷は安東の助言を受け入れ、以来、四〇年以上続けている。学生が意味不明なスケッチを描いてきて、筋の通らない話をしていても、想像力を働かせて、「そういうことを考えているなら、こういう案がよいのでは」と必ず一案つくり、ひとつの課題で三〇案ほどつくるトレーニングを重ねていった。

そのような場面を目撃する機会があった。設計演習Dの講評会のときだ。冒頭で「すべての発表に対して、僕は打ち返します」と古谷は宣言した。そして、学生の発表を聞いた後に「僕ならこうする」と、提案し続けた。ときに、「これは変化球だな」とつぶやきながらも、軽々と打ち返していった。学生本人が気づいていないアイデアを引き出すことも多々あった。

こうしたトレーニングは、設計のエスキスだけでなく、研究室ミーティングでの学生のプレゼンテーションに対しても行われている。学生は一生懸命まとめようとしているけれども、論理的に説明できないもやもやしたところがある。古谷はここを想像してひもといていく。
「往々にして本人が言っていないところにおもしろい可能性があって、それを見つけるのが逆に楽しみになっているところがあります」と古谷は楽しそうに語る。

この言葉は、「マネジメントを発明した男」と呼ばれるピーター・ドラッカーの名言を思い起こさせる。ドラッカーは、「コミュニケーションで最も大切なことは、語られないことに耳を傾けることだ」[▼1]と言った。古谷がドラッカーを参照しているとはまったく思えないけれど、ときどき古谷の言葉や行動はドラッカーを彷彿とさせた。

統合力――あらゆる強みを結集する

想像力に加えて、建築家には統合力が求められる。早稲田大学の建築学科は、建築史、建築計画、都市計画、環境工学、建築構造、建築生産の六つの系で構成され、各々の系が建築の実践や理論において統合されることが理想として掲げられている。

この統合について、毎年必ず一年生に対して古谷が伝えていることがある。
「六つの系に分かれて、ばらばらな学問に進んでいくようだけれど、現場に出てひとつの建築をつくるときには、必ず、全分野の知識を統合しないとできないよ」
建築は統合の産物だ。だから、研究者や他の分野の専門家も、ひとつの建築をつくる同じチームの仲間として尊重する。

ここでも、ドラッカーの「強みを生かすことが有効だ。弱みからは何も生まれない。成果を挙げるには、あらゆる強み、つまり、仲間の強み、自分より優れた者の強み、そして、自分自身の強みをすべて用いなければならない」[2]という言葉を重ねたくなるが、拡大解釈が過ぎるので、このあたりにしておきたい。

誤解は探究の原動力

古谷研の卒論ゼミで参考文献として挙げられる一冊の本がある。ウンベルト・エーコの『論文作法』[3]だ。一九七七年にイタリアで初版が発行され、現在でも古典的教科書として世界中で読まれている。タイプライターやカード整理など、現在では時代遅れとなった手法についての記述もあるが、古谷が着目するのは手法ではなく、もっと本質的な事柄だ。古谷は以下の三点を取り上げて、解説した。

まず、研究テーマの設定ついて。「いまあるもので物語れる研究は何か」と考えるやり方がある。材料が足りないからといって研究を諦めるのではなく、いまもっている材料で研究できるテーマを設定する方法がある、という点だ。

次に、指導教授の見つけ方について。例として二人の教授が挙げられる。ひとりは、著名な売れっ子の教授で、刺激的で魅力的な知見を与えてくれる。もうひとりは、売れっ子ではないけれど、地道に研究している教授だ。売れっ子の教授の指導を受ける場合は、研究指導に多くの時間を割いてくれると期待してはいけないし、先鋭的な知見に啓発されて論を展開する能力が自分に備わっているかどうかを見極めなければならない。一方、売れっ子ではない教授は、研究指導に時間をたっぷり使って頻繁にフィードバックをくれるけれど、蒙を拓くようなアドバイスを与えてくれることは期待しにくい。学生自身にあった教授を選ぶべきで、どちらかがいつもよいとは限らない。

古谷が最も印象に残っていることとして挙げた最後の点は、「大いなる誤解」に関することだ。「どのような先生にせよ、学生は指導を受けて、それが印象に残ったり、感銘を受けたりするけれど、『それは本当にそうだったかどうか、わからない』と書いてあるんです。先生はただふつうのことを言っただけなのに、学生が誤解して受け止めて、何かすごいことを聞いたように感じて、それが契機となって自分でどんどん探究していくことで、その先生がまったく考えてもいなかったようなとんでもない偉大な成果を挙げることがある。『先生とはそういうものである』と書いてあって、それもいいかな……」と言った後、古谷は、再び、吉阪隆正に言及した。

一〇〇のことを懇切丁寧に話しても、きっと学生は受け止めきれないだろうし、逆に、優秀な学生は一〇〇のうち一しか話していなくても、自分が考えるものとはまったくちがう真理を導き出したり、つくりあげたりすることができる。だから、大学というものは、全部わかっている先生が学生に教えるところではなく、学生が勝手に学ぶところである。そのように吉阪は捉えていた、というのが古谷の見解だ。

「誤解した方に価値があるというのがやっぱりおもしろくて。先生の教えを学生が正しく受け止めて、正しく理解するだけでは、縮小再生産、よくてイーブンで、どんどん劣化していくわけですよね。研究室という人々が錯綜する場で、先生、先輩、後輩の言葉を深読みしたり、別の視点から解釈したり、『大いなる誤解』によってジャンプしていければ、どんどん上がっていける」と古谷は解説し、誤解を契機に、考えを深めたり、構想を膨らませたり、新しい理論をつくったりすることを、「誤解は探究の原動力」と表現した。

古谷が指摘した三点を、私は覚えていなかった。二〇年ほど前に博士論文を執筆していたときに読んだので、エーコの『論文作法』は手元にある。そこで、改めて確認したところ、一点目（研究テーマの設定）は確かに記述されているが、二点目（指導教授の見つけ方）と三点目（大いなる誤解）は、似たような記述はあるものの、古谷の解釈どおりの記述を私は探し出せなかった。関連する記述から、古谷が誤解を契機に思考を広げたのだろうか。それとも、私の方が誤解しているのだろうか。

仮説を立てる

卒論ゼミでは、仮説を立てよ、と古谷は学生に指示する。直観でよいし、外れてもよいと補足して、仮説を立てることを促す。そう言われても、学生はレポートを書くのは慣れていても、仮説を立てるのは初めてのことのようで、最初はなかなかうまくできない。何度も修正を繰り返し、仮説を磨いていく。

ざっくり言うと、研究には仮説生成型と仮説検証型がある。仮説生成型は、仮説探索型と呼ばれることもあるように、まずデータを集め、それを分析することで新しい理論や仮説を探索してゆく。いわば、「やってみなければわからない」研究だ。一方、仮説検証型は、あらかじめ仮説を構築して、その有効性を検証する。

古谷研の研究スタイルは、後者の仮説検証型といえる。ここに建築家としての構築への意志を感じる。明確な意思をもって線を引く者が研究に向かう姿勢だ。といっても、頑なに仮説に固執することはなく、検証作業の中で修正や変更が必要となれば、柔軟に対応する。

これはちょうど建築家のワークショップに対する態度に重なるようにみえる。いまやコンペでワークショップに触れない提案書はほとんど見かけないほど普及したものの、実際には、ワークショップは建築家にとって面倒なことだし、建築作品にとってなんらよいことがないと考えている人もいる。「ワークショップをやりたい建築家なんていない」「ワークショップをやる建築家がいると、行政や市民が求めるようになるので、迷惑だ」という意見を耳にしたこともある。

古谷は、みずからの計画案を仮説と捉え、それを検証する場としてワークショップを行っているのではないか。仮説がいつも正しいとは限らない。だから、検証の過程に価値を置き、市民の意見に耳を傾けて対話を重ね、計画案を見直したり、変更したりして、最終的に磨かれた結論としての建築を生みだす。こんなふうに私は見立てた。

実際、あるワークショップで計画案の室配置に市民から反対意見が集まったことがある。原案を変更するのか、そのまま押し通すのか、どうするのだろうと私はひそかに気を揉んでいた。古谷は、ワークショップを終えて帰る道すがら、原案を変更して、市民の意見を反映した案をつくろうと指示した。仮説が支持されなければ、見直して新たな仮説を構築する。私の見立てどおり、と思ったけれど、NASCAの設計室長の杉下浩平が、「今回は素直でしたね」と言っていたので、支持されない仮説に固執することもあるらしい。建築家とはそういうものだろうな、とも思う。私の見立てはかなり怪しい。

明確に定義する

卒論ゼミでは、用語の定義について指摘することも多い。

例えば、「鉄道終着駅周辺地域における空間特性の研究」というタイトルで研究を進めている学生に対して、本川越駅を終着駅と呼ぶのが適切なのか、と問いかけた。本川越駅は川越駅との間に商店街があり、ここを歩いて両方の駅を利用する人がいる。つまり、乗換駅としての役割をもつ。議論の末、研究の着眼点は終着駅にはなく、むしろ、徒歩での乗換えにあることが明らかになり、最終的には、「開放系乗換」や「徒歩連絡駅」という用語が採用された。

このように、古谷がそぐわないと感じた言葉を拒否し、ふさわしい言葉をあれでもないこれでもないと探し続けるシーンをよく見かける。ただ、助手や学生は「古谷さんはヴィジュアルの人なので、レジュメの文章をあまり読まない。それよりも、写真や図面などの資料を用意した方が伝わる」と言う。建築家がヴィジュアルを重視するのは理解できる。それでもなお、古谷は言葉が気になるように見える。

ひとつの論文タイトルから三つの言葉に違和感を表明して、代案を示したこともある。「都内主要道路を辺にもつ『三角形の区画』の重心付近における公共的な空間に関する研究」は、道路で切り取られた三角形のエリアの重心付近に生まれるすきまの空間の特性を明らかにすることを目的としていた。着眼点が独特でおもしろい。古谷も高く評価していた。ただ、論文タイトルに含まれる用語がどうもしっくりこない様子だった。

まず、「三角形の区画」に言及して、「『区画』というと人為的な感じがするから、道路や地勢によって切り取られてしまった土地という意味で、『三角地』くらいでどうですか」と提案した。

次に、「公共的な空間」について、「三角地の真ん中が抜けているところを『公共的』と言っているけれど、この真ん中あたりは使いにくいのであまっちゃった場所ですよね。『公共的』というとポジティブな感じがするけれど、本来のあまっちゃった感じを伝えられるといい。それを反転するとプラスの価値を生み出せることに注目しているのだから、これにうってつけの名前をつけてほしいんだけど。かつて銀座にあった会所地《かいしょち》のようなところ……、いったん『空地』と呼び名をつけて進めてみようか」と助言した。

最後に、「重心付近」について注意を促した。学生は渋谷を事例として、三角地の重心に位置する豊栄稲荷神社を対象として分析していたが、古谷は少し北に配置されている金王八幡宮を分析すべきだと指導した。金王八幡宮の参道である八幡通りは代官山まで続く。はるかに重要な神社だというのがその理由だ。

「言葉の落とし穴にはまっているんじゃないか。『重心』ではなく『重心付近』としていることに注意すべきだし、あるいは、もっとわかりやすく、『重心的な場所』と言い換えてみるとよいかもしれない」と、用語の定義にもとづき対象を精査するよう指示した。

三角形の区画、公共的な空間、重心付近。これらの言葉への違和感を古谷は見逃さなかった。

私は、タイトルはこなれていないけれど、おもしろい研究だと聞き入っていて、具体的に指摘できるほどの解像度で捉えてはいなかった。違和感がある言葉を指摘できたとしても、瞬時に代案を提示できるとは思えない。

ヴィジュアルとしての文字情報

あるゼミでは、レジュメに記載された「解放」や「形態」といった用語にひとしきり疑問を示し、学生に言葉をよく吟味して用いるよう指導した後、古谷はぽつりと「早稲田は国語の試験がないからなぁ」とこぼした。自虐的なジョークにゼミは笑いに包まれた。冗談はともかく、なぜ古谷は言葉にこだわるのだろう。

読書に秘密がありそうだと推測し、質問を投げかけた。古谷は講評会などで学生にフィードバックする際に参考になる本を紹介したり、日常会話で、例えば、うなぎが焼き上がるのを待っているときに、池波正太郎の『男の作法』に触れたりするからだ。でも、古谷はこう答えた。

「うーん、そんなに誇れる読書量ではないですよ。熟読もしないし。ただ、強いて言えば、速読家ではあります」

早く読むには一文字一文字追うのではなく、全体を見渡してキーワードをつかむ必要がある。古谷はこの状況を「キーワードが目に飛び込んでくる」と表現した。助手や学生が言うように、やはり古谷はヴィジュアルの人だ。文章も文字情報としてではなく、画像情報として認識して字面から読み取る。「ここが肝心だ」と目に入ってきた言葉はとても気になり、違和感を見逃せない。逆に、重箱の隅をつつくようなことはしない。目に飛び込んでこないのだから。

ちなみに、古谷が「僕と同じくらい読み取るのが早い」と名を挙げるのは、西沢立衛だ。学生のアイデアコンペで応募作品が六〇〇点くらいあるときに、審査をいち早く終えてコーヒーを飲んで待っているのは西沢と古谷だという。きっと西沢もビジュアルの人なのだろう。

頭が整理されるように話す

「古谷さんと話すと頭が整理される」と学生は言う。その理由のひとつは、具体的な内容に入る前に、論理構造を意識するように促すからだろう。例えば、「指摘したいことは二つあって、致命的な問題と軽い問題。まず、致命的な方からいくと……」というように、古谷は冒頭でこれから語る内容の論理構造を示す。こう言われると、学生は先を見通して聞く心構えができる。

とはいえ、話していくうちに、例えば、二つあると宣言したのに、途中で思いついて、三つめ、四つめを伝えてしまうときもある。そういう場合は、「いままでのところを整理すると……」と、状況を説明する言葉を差し込み、改めて論理構造を示し直す。

ただ、いつも論理構造が明快なわけでも、すぐに的確な言葉が出てくるわけでもない。古谷が逡巡している場面を見かけたことがある。プロポーザルのミーティングで広場や軸に名称をつけようと検討していたときのことだ。

「ジグザグ広場という名称がどうもしっくりこないんだ。ジグザグという形態よりも、段々状に上がっていくことが伝わる方がいいのかな。つづらおり……、うーん」

「南北軸、東西軸というように方位で名づけるとニュアンスが伝わらないので、別の名前をつけよう。うーん、パッと出てこないな。どうしようか。どうしようか」

結局、そのミーティングでは名称は決まらず、保留となった。最終的には、広場は地歴に由来する名称（丸八《まるはち》広場）、都市軸は周辺環境との関係を示す名称（住民と学校を繋ぐ軸、海と森を繋ぐ軸）となった。この逡巡の過程を見ると、論理だけでも直観だけでもなく、両者を行ったり来たりしながら、適切に言い当てる言葉を地道に探し続けているようだ。

コメント力と質問力

古谷だけでなく、古谷研メンバーは、発表に対してコメントや質問をするのがうまい。発表を聞いてすぐにコメントや質問をするのは意外と難しい。どれくらい難しいかは、実際にやってみるとわかる。ぼんやり聞いていたら要点を逃してしまうし、集中して聞いて発表内容を理解できたとしても、自分の視点をもっていなければコメントはできない。聞き取れなかったことを質問するくらいなら簡単だけれど、核心に迫る質問で議論を深めることはできない。だいたい私は頭の回転が鈍く、後になって、あのときはこう言えばよかったと後悔することが多いので、古谷研で発表後すぐに繰り広げられる質疑応答のレベルの高さには目を見張った。

古谷が苦もなくできるのは、安東勝男のアドバイスに従って、学科助手になって以来、すべての提案や発表に対して「打ち返すトレーニング」を積み重ねてきたからだろう。一朝一夕にはできない。本人は「剣道で鍛えた瞬発力でパッと反応する」と冗談まじりに語ったことがあるが、いまさら剣道を始めても、古谷のようにできるようになるとは思えない。

古谷研メンバーは、卒論ゼミや研究室ミーティングで鍛えられる。発表後に学生がコメントや質問をする時間が確保されており、これがトレーニングの機会になる。実際、一年間を通して振り返ると、積極的に手を挙げて発言してきた学生ほど、鋭い指摘をするようになる。

コメント力や質問力は、モデレーター（司会進行役）に求められるスキルにつながる。ある研究会で私がショートレクチャーをした際、モデレーターを務める助手の池田が、「仲先生、話題提供をありがとうございました。遠藤勝勧さんに『寸法を意識しないスケッチはゴミだ』と言われたことを思い出しました。では、ご質問やご意見のある方はいらっしゃいますか」と、お礼の言葉と質問を促す言葉の間に、自分のエピソードをさりげなく挿入した。私がバラバラに話題提供した遠藤勝勧の「身体寸法と建築のスケールに関するワークショップ[▼4]」と、原寸の手書き図面の重要性の要点をつかみ、両者をつなぐコメントをした。池田が遠藤と面識があることもわかり、その後の話が盛り上がった。

このようなスキルをどこで身につけたのかと池田に尋ねると、古谷の教えだという。

「モデレーターの役割は、進行するだけでなく、発表者がオーディエンスから適切な意見や質問をもらえるように、補足したり、引き出したりすることにある。もちろん、盛り上げることも必要だ、と古谷さんから教えてもらったんです。だから自分もそうするように心がけているし、学生にも伝えるようにしています」と池田は答えた。

2 — 研究の蓄積から設計へ

カルロ・スカルパ研究

僕は研究者ではない、と古谷は言うけれど、実は、学会発表論文が多数ある。最も古い記録は一九七九年に遡るが、本格的な研究は一九八三年のカルロ・スカルパの研究[5]を端緒とする。当時、学会発表の場でスカルパを取り上げたのは、古谷が初めてだった。

「歴史意匠の学会発表の場には魑魅魍魎が跋扈していました」と、いまとなっては笑い話のように古谷は語る。古谷も、師の穂積も、研究の作法をきちんと学んではいない。だから、余計にいじめのような状況を助長する要因となったのだろう、と振り返る。

「京都大学の先生方、ルイス・カーンを研究する前田忠直と、ル・コルビュジエを研究する中村貴志の二人が仁王の様相で前の方の席に座っていて、恐ろしいったらない。でも、あの二人が口を開くのはあるレベル以上の論文で、そうでないものに対しては、他の大学の先生が『君の論文は観光案内か何かなのかな』と庭園の研究に対してコメントしたり、けんもほろろの世界でね」

そんなに怖い思いをしたら、学会からは距離を置きたくなるだろう。でも、古谷はスカルパ研究以降も半透明空間研究や高密度居住研究などに着手し、継続的に学会発表している。最近年の二〇二一年度は、一九編の論文を研究室メンバーと共著で発表した。「やるなら、おろそかにはできない」と思いながら、四〇年以上、研究を続けている。

スカルパについてはたくさん言うことがあるけれども一言だけ、と古谷が取り上げたのは、カステルヴェッキオ美術館を訪れたときのエピソードだ。現場にいくと、書物や雑誌などの視覚的な情報から考えていたこととは全然ちがうものがあると感じた、という。つまり、その場の風や匂いを感じ、手で触れることができ、音も聞こえる。五感全部で受け止められる。私もサバティカル中に、せっかく古谷研にいるのだから、とスカルパの建築を訪れたので、実感を伴って理解できる。

もうひとつ、スカルパに関する印象的なエピソードがある。研究室ミーティングで、ヴェネツィアから来た留学生がプレゼンテーションしたときのことだ。学生の発表後、古谷は「カルロ・スカルパの建築手法を日本の建築に適用できると思いますか」と質問した。学生は「できると思います」と答えた。「では、どのように」という問いに対しては、おおかたの予想どおり、職人的手法や工芸的手法というキーワードを用いて学生は答えた。

古谷は異なる見解を示した。スカルパは、現場にいつも既存の建物がある。これに対して自分はどうするのかを考えざるを得ない。このような状況を「対話の始まりにいつも所与のものがある」と表現した。既存の建物があると、その全部を覚えてアトリエに持ち帰ることはできないから、スカルパは現場で考えて、増築したり、切り取ったりした。一方、同時期の建築家は、近代建築がある程度は定着しているので、自分の敷地は更地で、アトリエで白い紙の上に理論的に構築して理想のかたちを実現できるという気持ちになっている。周辺の物事は切り離されてしまう。

日本に帰り、スカルパの建築を反芻しているうちに、古谷はこう考えるようになった。

「スカルパは古いものを利用して職人的、あるいは工芸的なものをつくったというよりは、自分より前にあったものに自分は何を切り取って、何を付け加えるかを考えてきた。その手法は、現代の都市でも、更地の敷地でも、同じように向き合わなくてはいけないのではないだろうか」

作家論研究ゼミへの展開

古谷のカルロ・スカルパ研究は、その後、作家論研究ゼミとして展開する。作家論研究は「あるひとりの作家について深く考えることで、その人を通してみずからの具体的な設計手法を見出していくことを目指すもの」であり、対象とする作家は、ジョン・ヘイダック、イーロ・サーリネン、ル・コルビュジエ、ジオ・ポンティ、フランク・ロイド・ライト、吉阪隆正、菊竹清訓、村野藤吾、白井晟一、さらには岡本太郎などに広がっている。

ル・コルビュジエや菊竹清訓の研究は、代々、継続的に行われており、先輩たちの積み重ねがある。つまり、「巨人の肩の上に立つ」ことができる状況なので、研究は進めやすい。ただし、自分の研究が既往研究のどこに位置づけられるのかを明確にする必要がある。一方、白井晟一、ましてや岡本太郎の研究は、既往研究が少なく、難しいけれど、やりがいがあるともいえる。

先人たちがどのような研究を行ってきたか、あるいは、研究されていない領域がどこにあるかを把握する作業を「大きなマップをつくる」という建築家らしい比喩を用いて古谷は説明した。自分はどこにいて、どこを目指して歩くのかを定め、将来的にはこの地図を頼りに他者が足跡を辿ることができる。これは作家論研究に限らず、あらゆる研究に当てはまる。

ティール組織のようなゼミ

第一回作家論研究ゼミでは、自己紹介を兼ねて、どの作家に関心があるのかをひとりずつ表明していった。大学院生がル・コルビュジエ、フランク・ロイド・ライト、菊竹清訓、村野藤吾、吉阪隆正と次々と名前を上げていくのに対して、卒論生は、かろうじてひとりだけ村野藤吾の名前を挙げたが、それ以外は「居場所をつくりたいです」「サウナに興味があります」「まだ考え中です」「ＴＯＥＩＣの試験で頭がいっぱいです」といったコメントばかりで、早稲田大学の優秀な学生といえども四年生の四月はこのくらいのレベルなのか、と妙な安堵を覚えると同時に、この状況から卒論をまとめるのはかなり大変そうだと感じた。

一週間後の第二回ゼミでは、それぞれ研究対象とする作家を定め、前回のスカスカなレジュメとはうってかわって情報量の多いレジュメを学生は用意していた。たった一週間でこれほど進化するとは予想していなかったので、正直に学生にそう伝えたところ、「他に授業がなくて時間があるし、先輩が相談に乗ってくれるので」と状況を教えてくれた。実際、二〇〇〇年に導入した六年制カリキュラム以降、計画系では四年生には卒業論文、卒業計画、実務訓練の三科目しか配置されていない。そして、先輩と後輩の関係は、古谷研が重視する縦のつながりだ。

作家論研究の心構えも先輩から伝授される。「作家論をやるなら、作家への愛が必要だよ」と助手の嵐が学生に伝えた。愛の証のように、研究対象とする作家の顔写真が研究室のあちらこちらに貼られている。洗面台の脇にル・コルビュジエ、ロッカーにフランク・ロイド・ライト、本棚に菊竹清訓と村野藤吾などが貼られている。まるで「推し」のブロマイドを部屋中に貼っているかのようだ。

毎週の作家論研究ゼミでは、卒論生が二、三人まとめて発表した後、大学院生が質問や意見を述べ、助手の池田と嵐がアドバイスを与え、最後に教授の藤井が研究指導する。これが二、三回繰り返され、卒論生全員の進捗が共有される。司会進行は大学院生が担当する。藤井は学務で忙しく、ゼミに参加できないこともある。むしろ、学生の自主性を尊重して、あえて毎週は参加しないように配慮しているようにみえる。助手の池田と嵐も必ずしも毎回参加できるとは限らない。そのような場合は、学生だけで進める。ティール組織のような運営といえる。

ティール組織とは、フレデリック・ラルーのベストセラー[▼6]で注目を集めたビジネスの組織モデルで、フラットな進化型の組織を指す。でも、大げさな組織モデルをもち出すまでもなく自主運営（self-management）、全体性（wholeness）、存在目的（evolutionary purpose）を重視する組織モデルは、大学での教育や研究になじむ。個人の能力を最大限発揮することに重きを置いているからだ。

月一回の全体ゼミでは、発表時間は三分と決められ、卒論生は内容を簡潔にまとめて、時間厳守で発表するけれど、ここではあまり時間を気にする様子はない。卒論生が言葉を尽くして

研究室の本棚、流し、ロッカーなど、いたるところに作家論研究で対象とする建築家の写真が貼られている。

説明した後に、先輩からいくつか質問があり、それらに答えているうちに新たな議論が始まることもあるので、時間は延びがちになる。効率的な生産性が求められることの多い昨今では、あまり好まれないかもしれないけれど、こういうふうにあちこちさまよう時間が、研究にとっては糧となる。

インタビュー陣——研究者としてのロールモデル

作家論研究では、いままで誰も手に入れたことがない一次資料が重視される。一次資料には、原図、オリジナルのスケッチやメモ、手紙、音声データ、実測図、そして実際の建築などが該当する。誰も手に入れたことがない資料を入手するのは簡単なことではない。日本建築史家の内藤晶は、古本屋で大工雛形（棟梁による技術書）などの雛形本を大量に発掘して偉大な研究を成し遂げたと聞くが、新たな資料を掘り起こすのは難しい。

このような状況で、菊竹清訓を研究対象とする卒論生が、生前の菊竹をよく知る人にインタビューするという方法で研究を進めていた。この方法であれば、誰も手に入れたことがない情報を得られる可能性が高まる。その一環として、菊竹事務所に一九六四〜一九六八年に在籍していた仙田満へのインタビューを計画していたので、私も同席した。卒論生の他に、古谷研の元助手で現在は東京理科大学で助教を務める斎藤信吾、現助手の池田と嵐、さらに作家論研究ゼミの大学院生二人の総勢七名という陣容で仙田の事務所に向かった。

午後七時の約束で待っていると、事務所のスタッフが、「仙田は広島から戻って参りますが、

菊竹清訓に関するインタビューに答える仙田満。菊竹の「か・かた・かたち」についてわかりやすく解説した。

飛行機が遅れているとのことです。少しお待ちください」と伝えに来た。八〇歳を越えてなお、精力的に全国を飛びまわっている様子に頭が下がる。しばらくして、仙田がペーパーを片手に現れた。卒論生が事前に送付していた質問項目に対する回答書だった。忙しい中、一学生の質問に回答書を用意してインタビューに臨む姿勢に、再び頭が下がる。

仙田は移動の疲れをみせる様子もなく、面識がある斎藤と快活に挨拶を交わした後、初対面の助手と学生に向き直って、一人ひとりに名刺を渡した。ほどなく、インタビューが始まった。「論文は大事だよ。設計だけでなく、論文をまとめることは重要だよ」と仙田は切り出し、自身が卒業論文で城をテーマに歴史的空間論の研究を行ったことを紹介した後、菊竹の「か・かた・かたち」について、わかりやすい例を挙げて解説した。この内容は仙田の著書[▼7]に詳しいのでそちらに譲り、ここでは、古谷研在籍時から菊竹を研究している斎藤とのやりとりを取り上げたい。

仙田が徳雲寺納骨堂の床への光の反射について言及すると、斎藤は「竣工当初は水を引いていました。水盤からの反射は、出雲大社庁の舎の構成と同じですね」と反応した。斎藤は菊竹をとりまく人間関係にも詳しく、仙田が久留米市民会館を担当した際に菊竹の父に会ったと振り返ると、「『きよしさん』ですね」と相槌を打った。まるで斎藤の頭の引き出しの中には、菊竹の作品の図面と人物関係図がすべて入っているようだ。

現助手の池田は「斎藤信吾さんは、菊竹について世界でいちばん詳しい」という。もっとも斎藤は「世界でいちばん菊竹先生に詳しいのは遠藤勝勧さんをはじめとする元所員の方や親族の方などで、私はそれにはまだ一ミリも及びません」と謙遜するが、インタビューでのやりとりの様子を後輩たちに見せることで、作家論研究者として手本を示している。

美しい年表――ゼミに引き継がれる財産

斎藤のように、作品の図面と作家の人物関係図を頭に入れるにはどうしたらよいのだろう。その方法のひとつに年表づくりがある。作家論研究ゼミでは、ほとんどの学生が研究対象とする作家の年表をつくる。これは定番の作業のようだ。年表に作品名、言説、出来事などを記入し、写真や図面を添える。考察のポイントには、メモを記入した付箋が貼られる。ゼミで教員や先輩から指摘されて、検討すべき作品を追加したり、関連のない言説を削除したり、改訂作業を繰り返し、最終的には内容が濃く、レイアウトもよく練られた美しい年表ができあがる。

このような年表づくりは、かなり難しいはずだけれど、学生たちはそれほど苦労することもなくやりとげているように見える。その理由を知りたくて、どのように年表をつくっているのか学生に尋ねたところ、「ボックス（BOX）に先輩のレジュメが入っているので、それを参考にしています」と教えてくれた。

このファイル共有ストレージは、早稲田大学のアカウントで容量無制限で利用できる。コロナウイルス感染拡大以降、オンライン化が進み、過去三年分くらいのデータがすべて共有されているという。それ以前は、参照できる先輩の資料は製本論文に掲載された最終版だけで、途中経過を見ることができなかった。ファイル共有ストレージを活用するようになり、どの時期にどこまで進めればよいかペースをつかめるようになったという。確かに、時期ごとに手本があれば進めやすいだろう。先輩の成果品を参照できる環境を整えていることも、縦のつながりのひとつといえる。

原点となる古谷卒論――流動する歪んだ空間

古谷がよく口にする言葉に「建築の原型」や「空間の本質」がある。これらの言葉を使うとき、具体的には何を指しているのかと質問した。急に小難しい質問をしたのに、古谷はすぐに次のように答えた。

「建築の空間は、実際に可視化している表層の部分、つまり、直接見えている部分は、もちろん大事なんだけど、直接は見えていないところに何か重要な要素が隠されているのではないかと思うんですよね。その何かを『建築の原型』と言ったり、『空間の本質』と言ったりしているんですけど。僕は、目に見えている壁、床、天井、その表面の色やテクスチャーではないもの、メタレベルにある建築の空間をかたちづくる要素のようなものがあると信じているところがあって……」

抽象的な概念を具体的に理解できるよう、古谷は例を挙げた。

「例えば、大きな筒状の空間はどうだろう。あるいは、林のように下から上にそびえ立ち、覆い被さっているけど実際は抜けているような空間では何が起こるだろう」

さらにもうひとつ例を挙げた。ずっと前から考え続けている空間だ。

「床があちら側に向かってだらだらと傾いていているとか……」

そのとき、インタビューに同席していた助手の宮嶋が静かに立ち上がり、一冊の白いハードカバー製本を手にして戻ってきた。「流動する歪んだ空間」▼8と銀文字の箔押しでタイトルが記載されたその本は、古谷の卒業論文だ。卒業論文は黒表紙金文字で製本されることが多いが、白表紙銀文字製本は爽やかで新鮮だ。数十年ぶりに原稿が出てきたので、その機会に製本したという。

表紙を開くと、方眼紙に手書きで一文字一文字記入された粒が揃ったかわいらしい文字が並んでいる。書きまちがえると一文字ずつ切り抜いて、正しい文字を同面で貼り合わせた。パソコンで容易に修正ができる現在の卒業論文の執筆スタイルとは隔世の感がある。

卒論審査会ではいくつか質問があったが、教授の池原義郎からの指摘はいまでも覚えていると古谷は振り返る。

「『流動する歪んだ空間』の研究ということですが、『流動する歪まない空間』とか、『流動しない歪んだ空間』というのはあるのですか」と池原は質問した。

池原の質問に対して、古谷は「流動する空間は歪んだ空間なんです……」と答える他なかった。「流動する空間」だけ、あるいは「歪んだ空間」だけだと十分にニュアンスが伝わらない。だから「流動する歪んだ空間」というしかない、というのが古谷の当時の主張だ。

結論は明快で、『流動する歪んだ空間』は以下の三つに帰結する。

一つめは、多消失点空間。斜めの壁・床・天井が混在することで、空間の流動性（歪み）は増

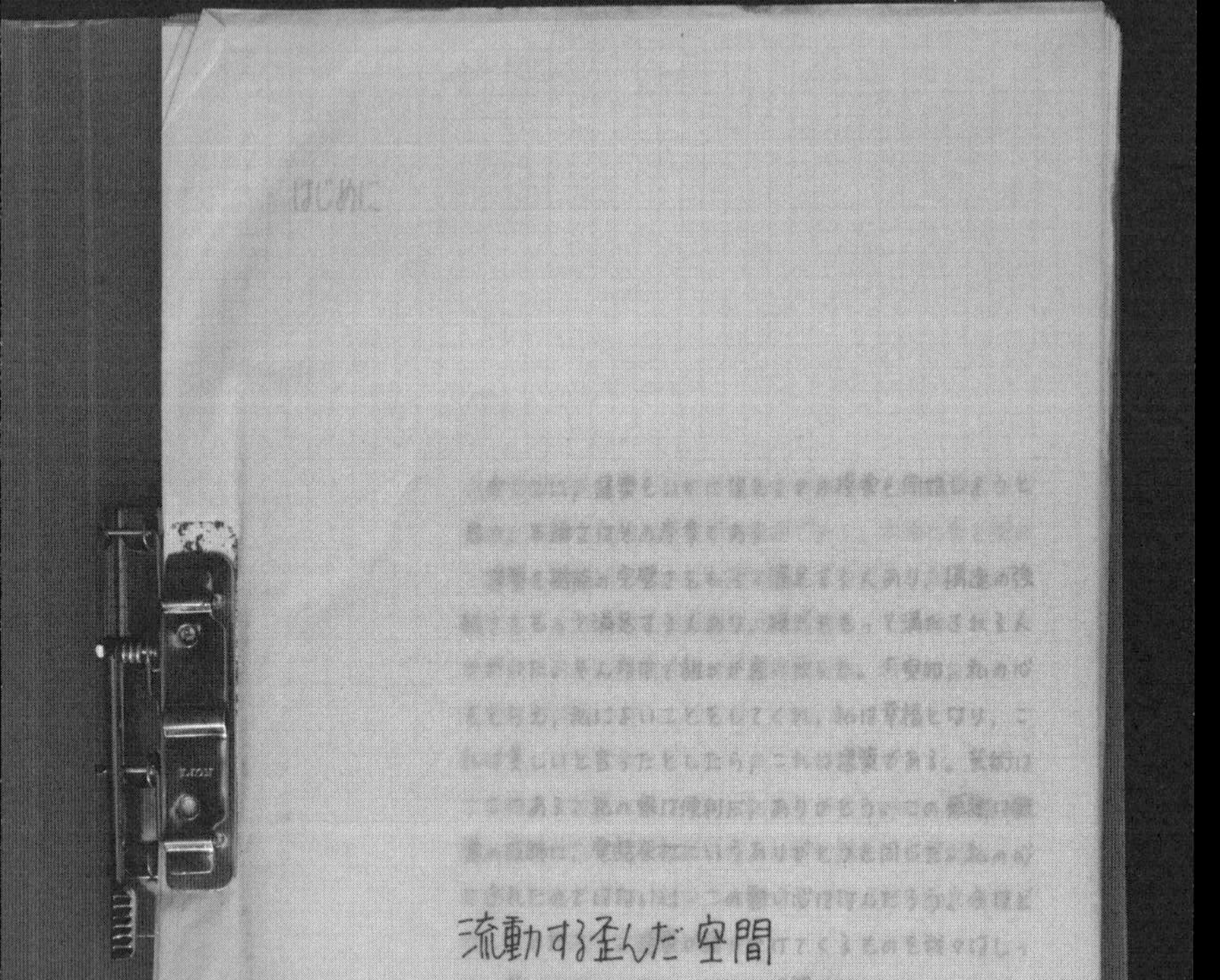

古谷の卒論「流動する歪んだ空間」。粒が揃った手書き文字。書き間違えると一文字ずつ切り抜き、正しい文字を貼り直した。

加していく。斜めの線が増えると、パースの中で消失点が増えるので、多消失点空間と名づけられる。ハンス・シャロウンによるベルリン・フィルハーモニック・コンサートホールや象設計集団によるドーモ・セラカントが事例として挙げられる。

二つめは、見え隠れする錯綜空間。コアがあることによって、向こう側が見えなくなる。隠された空間があちこちに散在し、錯綜することによって、空間の流動性が増す。事例としては、フランク・ロイド・ライトの帝国ホテルに始まり、隠された部分がどんどん複層化していき、最後はピラネージの牢獄シリーズにたどり着く。

三つめは、最もわかりやすく、「透明化」である。内外の区別はなくなり、空間の実体がわからなくなるように流出していく。ミース・ファン・デル・ローエのファンズワース邸が事例として挙げられる。

「流動する歪んだ空間」の結論を解説した後、古谷はこうつぶやいた。

「最初に抱いた興味は全然変わらないんですよね。いまだにずっと同じようなことをやっている気がして。リジッドでスタティックな空間（固定された静的な空間）にはあんまり魅力を感じなくて、どうしても『流動する歪んだ空間』に吸い寄せられていっちゃう」

3 — 発表への遠き道のり

極厚の卒業論文

四月当初は、用語を定義づけることや仮説を立てることに苦労していた学生たちも、ゼミを重ねていくうちに、明確な定義を用いて磨かれた仮説を構築できるようになる。そこから、図面の悉皆調査、国内外の現地調査、関係者へのインタビューなどにもとづく膨大な検証作業を行い、一一月には卒業論文が完成する。

製本された古谷研の卒業論文を見て最初に抱く感想は、「分厚い」の一言だ。「分厚い」という表現では足りないくらい極厚だ。今年度、最も分厚い卒業論文は七一七ページ、厚さにして九五ミリに達する。他の論文もみな分厚く、縦置きにして自立する。多くはA4判縦置きで、図面などが多い場合にはA3判横置きとする場合もある。その場合は、実質的なヴォリュームはもっと多くなる。

ごく大雑把にいえば、理系では薄い論文をよしとする傾向がある。わずか数行の数式で解くことが美しいという数学の価値観と同じだろう。分厚い論文は下品だと批判されることさえある。一方で、文系では、必要なことを語るにはある程度の分量が必要だという考え方で、論文のヴォリュームが大きくなることを否定しない。ちなみに、私の博士論文はそれなりに分厚い。

多変量解析を用いてはいるけれど、文系的な側面もあり、必要なことを記述したからだ。

早稲田大学では論文の厚さについて学科で定められた共通のルールはなく、研究室により異なる。過去の例をみると、渡辺仁史研究室は統計分析を主とした研究が多く、いわば理系的な薄い論文でシンプルな書式で統一されていた。入江正之研究室はガウディやスペインの建築に関する研究が多く、原著の翻訳を含めた分厚い論文が多かった。

古谷研はどのような方針なのだろう。

「厚さについては、僕は、別になんの指導もしていない」と古谷がにべもなく答えると、「ただ、これくらいはやらないといけないという雰囲気があります」と助手の宮嶋が補足した。これくらいとは、どれくらいなのだろう。「いくら進捗が遅い学生でも、一五〇〜二〇〇ページは必要という感じです」と宮嶋が答えた。卒論でその分量は、かなり多い。なぜ、これほどのヴォリュームが必要かというと、学生の立場からすると、内容がいまひとつでもそれなりに自分はがんばったという証明を示さないと通してもらえないのではないかという恐怖心があるそうだ。

古谷研の極厚の論文を見ていると、コールハースの著作群を思い出す。有名な『S, M, L, XL』[9]は一三〇〇ページを超える。コールハースの設計組織OMAと研究組織AMO（あるいはハーバード大学デザインスクール）との両輪でのプロジェクトの進め方は、NASCAと古谷研との関係に似ているようにみえる。

卒論レビュー会と分厚い卒論。古谷は厚さを求めていないと言うが、先輩たちから「自立しないとだめだよ」と指導されるらしい。

助手が卒論をボコボコにする日

極厚の卒業論文を提出後、卒論審査会までの間に「助手チェック」と呼ばれるイベントが設定されている。これには古谷は立ち合わず、助手陣に任せる。どのような様子なのか聞いてみたところ、「卒論生の発表を聞いて、助手がボコボコにする日です」と、助手の宮嶋、池田、嵐が口を揃えて言う。怖いもの見たさもあり、覗きに行った。

卒論審査会の五日前に、指定された部屋に向かうと、テーブルにはお菓子の山があり、温かいカフェオレが淹れられていた。三人の助手の他に、研究員の根本と講師の王がソファに座って談笑している。「ボコボコにする」とはほど遠い、和やかな雰囲気だ。「いや、甘いものを摂らないとやってられないんですよ」と宮嶋が笑う。

発表時間は本番と同じく五分、コメント時間は一五分、ひとりあたり計二〇分でタイマーが設定された。発表者は一八名。長丁場になりそうだ。

着想がユニークな論文も、説得力ある結論を導き出した論文もあった。資料整理や論理展開の方法に研究者としての資質を見出せる学生もいた。けれども、助手たちの指摘は、確かにボコボコという表現が適切で、まったく容赦なかった。と言っても、パワハラやいじめの要素はひとつもなく、「出典を明記するように」「事例数の説明が抜けている」といった基本事項から、「対象を抽出したプロセスがわかりにくい」「目的と結論が合っていない」といった論理的な内容まで、次々と指摘された。

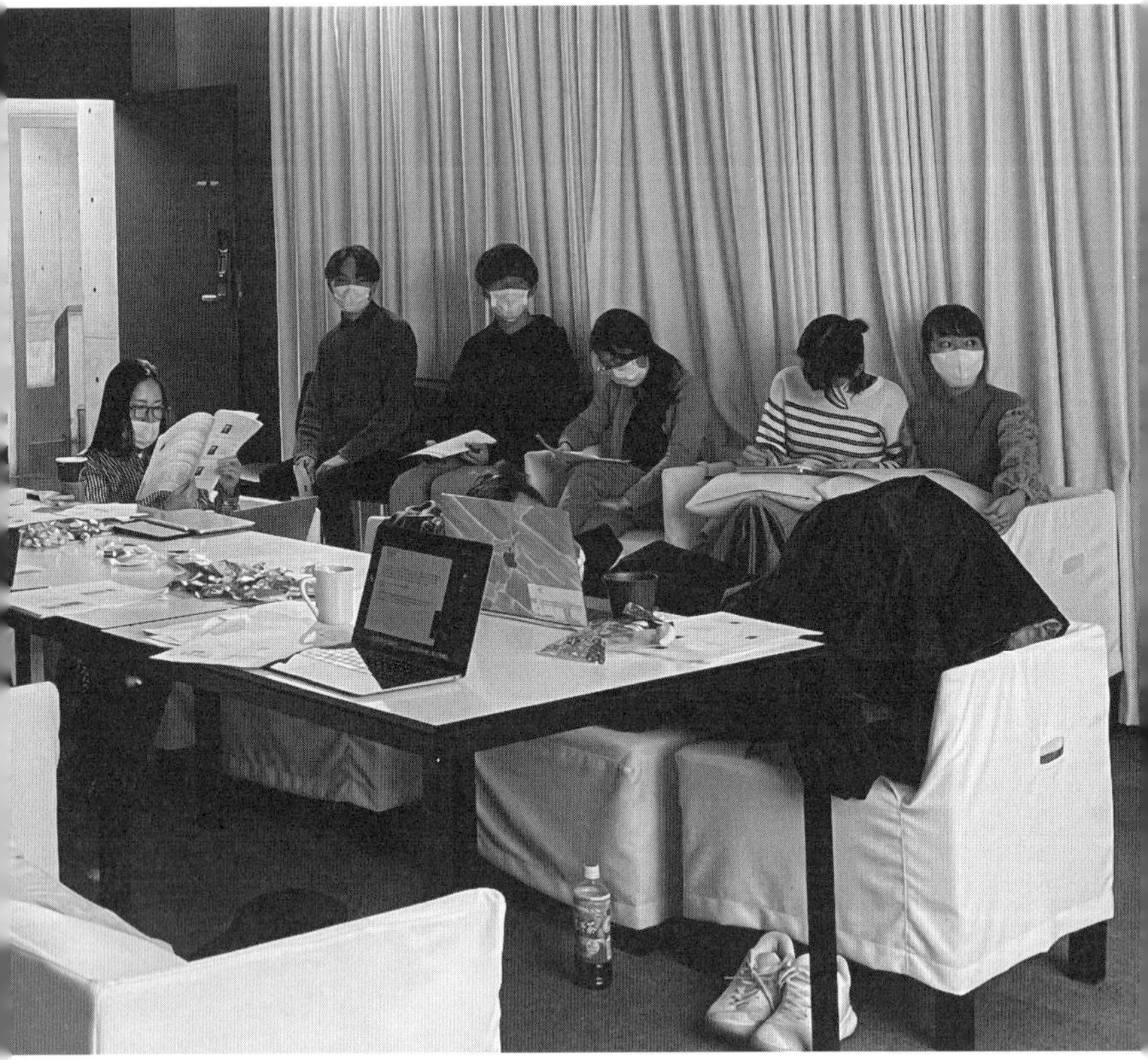

長時間に渡る助手チェック。右手前の嵐助手はスニーカーを脱いで足を上げ、横になって発表を聞いている。

助手チェックには、古谷が不在だからこそ得られる利点もある。古谷のコメントは、切れ味鋭く、確かにそうだと納得させられるけれど、ときおり、「それは説得力があるけれど、別の見方もありえるかもしれない」と、学生側の視点に共感を覚えることもあった。けれども、学生たちは古谷に指摘されると、判で押したように「ありがとうございます。参考にさせていただきます」という。表面的な従順さではなく、もともとの自分の考えをあっさりと手放す。せめていったん反論すればいいのに、もっとじたばたと試行錯誤すればよいのに、と思ったことがある。もちろん、学生の気持ちもわかる。知識量や経験値に圧倒的な差があり、年齢も離れているので反論しづらいだろう。反論したところで、うまくいかない可能性の方が大きい。

一方、年齢が近い助手たちに対しては、そのテーマについて時間をかけて考え続けてきた意地もあり、果敢に反論する学生がいる。その反論は、最初の説明とは打って変わって筋が通っていることもある。学生の反論を聞いて、「そういうふうに説明してくれると、研究の価値を理解できる」と宮嶋は素直に承認し、学生に小さな成功体験を与えた。

ひとりで過ごしたのは二日だけ

卒論審査会の前日、古谷研のスラック（slack）には詳細な連絡が頻繁に届いた。スライドの動作確認やレジュメの準備について、さらに、当日はスーツ着用といった細かな注意事項もあった。審査会後の清掃や打上げの連絡も入った。いよいよ、研究成果の発表だ。

発表五分、質疑二分、入れ替え一分の予定でスケジュールが組まれているが、時間内に収まることはない。学生は発表時間を守るけれど、先生方の質疑がどうしても長くなる。でも、これはよいことだ。発表したのに質問がないという事態ほど手応えがないことはない。

午前中は他の研究室の発表があり、午後から古谷研の発表が始まった。発表中に極厚の製本論文が先生方に回覧される。発表には卒論生だけでなく、面倒をみてきた先輩たちがそばに立ち会い、年表や調査シートのパネルを立てたり、スライドの動作を確認したり、甲斐甲斐しく寄り添う。

先輩たちは、ずっと卒論生をサポートしてきた。ル・コルビュジエ研究に取り組み、フランスとスイスに一か月ほど滞在して現地調査を実施した卒論生のもとには、先輩が入れ替わり立ち替わり渡欧して調査を手伝い、卒論生がひとりで過ごしたのは二日だけだったと聞き、私は驚いた。これは今年度に限ったことではなく、先輩は自分がしてもらったことを後輩にしているだけと聞き、さらに驚いた。

卒論審査会での発表は、五日前の助手チェックから著しく進化している学生が多かったが、それでも、先生方から鋭い指摘を受けた。何人かの学生は、このテーマについて最も長い時間をかけて考え、最もよく知っているのは自分だ、という自信はあるものの、うまく伝えられずにもやもやした思いを抱えたまま時間切れとなって悔しそうな表情を浮かべていたが、ともかく終わった。

大学に何日も泊まり込んで仕上げるのはめずらしいことではないらしい。女子学生たちも「大学のシャワーは清潔で快適ですよ」と爽やかに微笑みながら、一週間近く自宅に戻らず、研究

フランス、リヨン郊外にあるラ・トゥーレット修道院での実測調査。卒論でル・コルビュジエを対象に研究する学生のもとへ先輩が入れ替わり立ち替わり渡欧してサポートする。

室に泊まり込んで卒業論文を仕上げた。やり切った充実感がみなぎっていた。

好きなことを好きと伝えよう

一七時過ぎに全員の発表が終わり、教員は優秀論文賞を選出する審査に入った。その間に学生はカオスの様相の研究室をざっと掃除する。約一時間後、古谷と藤井が審査を終えて戻ってきた。

「卒論審査会、おつかれさまでした。では優秀論文賞を発表してから、ひとりずつレビューします」と古谷が卒論生全員の顔を見渡して言った。朝からずっと学生の発表を聞いて質疑を行い、疲れているだろうに、これから一人ひとりにレビューをするという。

卒論生一八人。それでも例年より少ないらしい。その一人ひとりにねぎらいの言葉と発表に対するレビューを伝えた。卒論生はそれぞれ個別のテーマで研究しているので、レビューの内容は多様だけれど、古谷の言葉へのこだわりは、ここでもみられる。

「『対局主義』を謳った岡本太郎には、丹下健三がいたからこそ到達できた境地がある。それに名前をつけられるとよかった。例えば、『超越的対局主義』というような。そうすれば、先生方に意図がちゃんと伝わったんじゃないか」

「『表出』という言葉を無造作に使ったために、つまんないことでひっかかっちゃって、本当に伝えたいことにたどり着かなかったのがちょっと残念……」

「白井晟一の書と建築を結ぶ言葉として、みずから生み出した『イメージの意訳』という言葉が的確であったことも、大変よかったです」

他に、私が気になって書き留めた古谷の言葉がある。

「坂道には墓地がある、という発見の新鮮さが今日の発表では省略されていたのが残念。自分が最初に吸い寄せられた瞬間を他者と共有できると共感を得られるんだけど……」

「楽しそうに発表していたので、鉄塔の好きさ加減や情熱が伝わったのはよかったけど、鉄塔の下を這いつくばって調査したことが伝わると、もっとよかったかな」

「スタジアムと周辺のまちの関係を分析するというのは着眼点としてよかったと思います。まちと一体になったスタジアムの提案につながるので。それに、野球好きなのが伝わってきたね」

これらの言葉には共通して「好きなことを好きと伝えよう」というメッセージが込められていると私は受け止めた。研究には客観性が求められるから好きというのは場ちがいだという反論はあるだろう。だけど、案外、このシンプルな方法が研究成果を伝えるうえで大切なのかもしれない。充実感と悔しさがないまぜになった表情の学生たちを見ながら、私はそう感じた。

賛否両論・三人一組の卒業設計

卒業論文を一一月半ばに仕上げ、ほっとするまもなく、すぐに卒業設計に取り組む。多くの学生は、卒業設計の基本的な方向性は卒業論文と並行して議論してきたけれど、本格的に卒業設計に取り掛かるのは卒論審査会の一週間後くらいから、という状況のようだ。

ところで、これまで履修科目名として表記する場合を除き、「卒業設計」と記載してきたが、早稲田大学では「卒業計画」と称されている。他の多くの大学では、卒業設計という名称が用いられているので、読者がイメージしやすいように、本書では卒業設計と記す。

卒業研究と卒業設計の両方を必修とするのは、東京工業大学など他に類例はあるものの、それほど多くはない。「研究と設計の両方をやるのは当然で、どちらか一方でよいという議論は、早稲田ではこれまでに起こったことはありません」と古谷は言う。

現在の早稲田大学の卒業設計には、大きな特徴がある。分野の異なる学生が三人一組で取り組むのだ。しかも芸術系研究室と工学系研究室の双方の学生で構成されていなければならない。この方式は、当時、教授だった石山修武と古谷が中心となって検討し、二〇〇六年から始まった。それ以前は、ひとり一作品つくっていた。

この方針転換は、二〇〇〇年のカリキュラム改編に照らして考えると理解しやすい。学部と大学院を合わせた六年一貫の建築教育を行うようになり、卒業設計は学部四年間の集大成というよりも、後半三年間の専門教育のキックオフと位置づけられるようになった。

三人一組とする方針には、消極的理由と積極的理由があった。一八〇人の学生がひとり一作品つくっていた頃は玉石混交だった。「中には見るに耐えない累々と並ぶ屍みたいな卒計があった」と古谷は語る。すっかり黄ばんだ先輩の卒業設計を名前だけ差し替えて提出する輩さえいた。この状況を避けたいというのが消極的理由だ。とくに石山がこの状況を嫌っていた。積極的理由としては、他の分野との協働が挙げられる。つまり、六つの系（建築史、建築計画、都市計画、環境工学、建築構造、建築生産）を統合する機会となる。

三人一組とした影響は大きい。「最初の頃は学生からブーブー不満が出たし、いまでも賛否両論あります。とくに、せんだい（デザインリーグ卒業設計日本一決定戦）では、三人一組でこの程度かと割を食うし、三人で議論するとぶっとんだ作品が生まれにくいから不利だと文句を言われることもあります」と古谷は言うが、二〇〇八年に特別賞、二〇一二年に日本三位、二〇一九年に日本一位に入賞し、成果を挙げている。

異分野三人のエスキス

分野の異なる学生がグループとして卒業設計に取り組むとき、エスキスはどのように行われるのだろう。エスキスのスケジュールを見ると、朝九時から昼一二時まで一七グループがぎっしり詰まっている。一七グループを四つに分割し、四、五グループずつまとめて発表した後に、古谷と藤井からフィードバックを受ける。発表は一グループ二分、フィードバックはまとめて二五分と設定されている。ほとんどのグループに古谷研の学生が入っていたが、他の研究室の学生だけのグループもエスキスを受けに来ていた。逆に言えば、古谷研の学生たちも、他の先生方の指導を受ける。研究室という枠に囲い込まない方針だ。

このようなエスキスを古谷は二回行ったが、教員に対しての取り決めはなく、「卒計くらいは教員の指導を受けずに自由にやれ」という方針で、まったくエスキスを行わない教員もいた。ちなみに、学生に対しては三人以上の教員からエスキスを受けるようにという取り決めがある。

エスキスでは、古谷と藤井がいるテーブルに学生が入れ替わり立ち替わりやってきて、自分たちの提案内容を説明し、他の学生はまわりで聞く。三人で来て三人で交代して説明するグループ、三人で来てひとりが説明するグループ、そして、ひとりで来るグループがある。ひとりで来るグループはチームワークがうまくいっているのか、ひとりだけに負担がかかっていないか、などと余計な親心のような気持ちがわく。

早口の二分間の説明から計画の概要を把握して即座にコメントするのは、けっこう大変なことだ。数グループなら集中して知恵を絞ってなんとか私もがんばれそうだけれど、続けて一七グループとなると途中で挫折しそうだ。せめて間に休憩を入れたい。でも、古谷も藤井も休みなく、エスキスし続けた。

古谷のフィードバックは、参照すべき事例やスケール感といった具体的な事項から、抽象度の高い問題まで幅広い。例えば、山谷でホームレスの居場所を計画しているグループにはバンコクのクロントイ・スラムの自力建設の手法を、府中の森公園で歴史的映像資料館を計画しているグループには宮本常一を参照するように指導した。さらに、日野駅周辺の用水路を生かしたシェアハウスを計画しているグループには、コミュニティを形成するために必要な世帯数を再考するよう指示した。

渋谷を対象とした計画案には、「メインターゲットが渋谷警察署になっているけれど、それがこの問題の本質ですか」と柔らかな口調ながら、ぐっと迫った。このグループには、卒業論文で渋谷の三角地の重心的な場所(二章一節)を研究した学生がいる。都市計画的な関心が象徴的なひとつの建物に集約されてしまうことに古谷は危惧を示した。

タイムキーパー役の学生に急かされながら、休みなくフィードバックし続け、一七グループのエスキスをすべて終了すると、古谷は次のオンラインミーティングの準備のために足早に立ち去った。「昼めしは用意してあるから大丈夫」と言いながら。

修士に求めるレベル

卒業設計のエスキスの翌日に、修士論文と修士設計のエスキスが行われた。修士はグループではなく、個人で取り組む。また、論文と設計の両方を行う必要はなく、どちらか一方を選べばよい。とはいえ、修士設計では、設計だけでなく、調査や分析にもとづく基本的な研究も求められる。

二〇二二年度は、古谷研では修士論文に取り組む学生は二名、修士設計は一九名と圧倒的に設計が多い。専攻全体では修士論文は八名、修士設計は三三名とやはり設計が多いが、研究室によっては論文に取り組む学生の方が多い場合もある。

スケジュールを見ると、欠席一名を除く二〇人を対象に、入れ替えを含めてひとり八分の持ち時間が設定され、朝一〇時開始、昼一時終了と記されている。前日よりも一時間遅く始まり、一時間遅く終わるのは、古谷の予定に合わせて調整したからだけれど、朝、一時間ゆっくりできるのはありがたい。案外、古谷も少しは休みたかったのかもしれない。この二日間で四〇案のエスキスをすることになるのだから。

エスキスの方法は卒業設計とほぼ同じだけれど、学生の説明の仕方や提案内容、そして、古谷が学生に求めるレベルはかなり異なっていた。卒業設計のエスキスでは、数人の例外を除き、ほとんどの学生が原稿を用意して棒読みしていた。目の前にいる古谷や藤井にいっさい目を向けずに、スマートフォンに書き込んだ原稿を読み上げている学生もいた。一方、修士のエスキスでは、ほとんどの学生が古谷や藤井とアイコンタクトをとりながら自分の言葉で説明していた。途中でメモを見る学生もいたけれど、数字や項目を正確に伝えるためだった。調査範囲も広く、分析の精度も高く、資料の密度も濃かった。

ただ、背景や問題意識は論理的に伝えてくれるけれど、いったい何をつくりたいのか、わかりにくい提案が多く、私は少し困っていた。すると、古谷が学生に、「具体的には、何をつくるの？」と質問した。これを聞いて安堵した。古谷がわからないものを、私がわかるはずもない。でも、これはよい兆しだろう。わかりやすく名づけられた既成のビルディングタイプの枠組みに納まらない提案をしているからだ。

このような既成の枠組みからはみ出した構想であっても、古谷は現実にも目を向けさせる。例えば、八重洲の路地空間を再編する計画に対しては、実際の再開発計画との関係を整理し、カウンタープロジェクトとして提案することを求めた。谷中に一〇平方メートル以下の小商いの空間を生み出す計画に対しては、空間のヴァリエーションを展開させると同時に、救急車や消防車のアクセスを検討するよう指導した。

卒業設計のエスキスと比べると、かなり高度な要求をしている。大学院生たちはそれに応える力がある。建築を学ぶには、修士課程の二年間の意義は大きいことを目の当たりにした。

大隈講堂の晴れ舞台

卒業設計は一月末に、修士論文と修士設計は二月初めに、学内での審査会があり、上位入賞者が二月末に大隈講堂での公開審査会の舞台に立つ。大隈講堂は「本《ほん》キャン」と呼ばれる早稲田キャンパスの入口に位置し、早稲田大学建築学科の創設に関わった佐藤巧一を中心に内藤多仲や佐藤武夫が設計した象徴的な建築で、ゴシック様式の厳かな空間だ。

公開審査会の冒頭で、学科主任の中谷礼仁教授が、「大隈講堂に立つと、身が引き締まる思いがします」と挨拶した。続けて、「学生の作品は、社会、あるいは我々の鏡です。教員にとっては、自分たちの活動を振り返る機会となります」と述べた。午前中に修士論文の発表があり、昼休みをはさんで、午後から卒業設計と修士設計の発表が行われた。発表する学生はスーツ姿で、その晴れ姿を見に来た両親や親戚と会話したり、写真撮影したり、華やかな雰囲気に包まれていた。

前年の四月に、同じくこの大隈講堂で行われた新入生ガイダンスでは、宮本佳明教授が「あなたたちは、これから建築的青春を迎えようとしています」と新入生に伝えていた。卒業や修了を控えた学生たちは、まさに建築的青春の真っ只中にいる熱気に満ちていた。

学内審査で選抜された論文や設計の発表とあって、いずれも見応えがあった。しかも、学内審査後に作品に手を加えてよいことになっており、約一か月で著しく進化した作品が多かった。大隈講堂にふさわしいプレゼンテーションだった。

すべての発表が終わった後、公開審査会をレビューする複数教員による横断ディスカッションが行われた。構造、生産、歴史、環境など、さまざまな分野の教員が登壇し、渡邊大志准教授がモデレーターを務めた。各々の専門分野からの意見は多様で、その多様さを性急にひとつの結論にまとめずに、そのまま場に置くことで、建築教育のあり方についてみずから考えることを迫られたように感じた。

最後に古谷が総評し、公開審査会を閉じた。これから、金賞・銀賞・銅賞などの各賞が全教員の投票と評議により決定される。だけど、学生も教員もあまり気にしている様子はない。古谷が吉阪隆正の言葉を引用して、このような総評の言葉を贈ったからだろう。

「二〇二二年度の先生全員がよいと評価したものは、その三〇年後にはたいした価値がないだろう。全体評価に惑わされずに、やっていきなさい」

Chapter 3

現場が教えてくれること

敷地調査の様子。右側の学生はスマートフォンを右手に持ち、ぴったりと古谷についてまわっている。古谷の言葉を録音しているのだ。

1 産学協同事業——宮城県東松島市・森が学校プロジェクト

研究資金を得て成果を挙げるには——本気の産学協同

産学協同事業は、学生にとっては現場で学ぶ機会、研究室にとっては外部資金を得て研究や実践を行う機会、そして産業界にとっては新たな知見や実践の成果を得る機会となる。大学紛争の頃は産学協同反対の声が上がっていたが、現在では、その意義が否定されることは少ない。古谷研には多数の産学協同プロジェクトがあるが、そのきっかけは多様だ。例えば、奈良県とのプロジェクトは、大学を通じて県が古谷研に共同研究を申し込んだことから始まった。県は早稲田大学と包括協定を結び、いろいろな研究室と二年単位で共同研究を行っていた。その一環として、古谷研は吉野材の利活用提案を行った。二年が過ぎてもプロジェクトは続き、大学の枠組みではなく県から直接依頼されるようになり、一〇年続くプロジェクトとなった。

プロジェクトでは、科研費などの公的助成金、企業の委託研究費、自治体の補助金などの外部資金がもち込まれる。ただし、手弁当で始まるプロジェクトもある。いきなり研究室に飛び込んできて、もののはずみで始まった刈宿教授との学校建築研究プロジェクト、稲山教授との木質空間研究プロジェクトなどはその典型だ。「鶏が先か、卵が先か。先に鶏をつくらないと卵を産まないときには、資金がなくても、ボランタリーに鶏をつくっちゃう。そういうプロジェクトばかりだと大変だけれど、萌芽的な研究の場合は、そうすることもあります」と古谷は説明する。

現在、古谷研で実施している産学協同プロジェクトには、大成建設との次世代医療研究会プロジェクト、モビリティサービスを生かしたまちづくりを検討するENEOSプロジェクト、金網の可能性を拡張する小岩金網プロジェクトなどがある。森が学校計画産学共同研究会はそのひとつだ。

森が学校計画産学共同研究会は、異分野の専門家で構成されている。プロジェクトを率いていたC・Wニコルは、二〇二〇年に逝去されたが、その遺志をアファンの森財団[1]のメンバーが引き継いでいる。二〇二二年度現在、産業界からは、家具メーカーのオカムラ、サッシメーカーの三協アルミ、設計事務所のNASCAが参画している。学術界からは、建築学を中心に、環境教育学、造林学、都市計画学などの専門家が関わっている。

産業界から資金援助を受けて研究活動を行うため、森が学校計画産学共同研究会はきちんと制度を整えている。例えば、四章二五条からなる会則があり、目的、活動内容、著作権、商標、知的財産権などについて定められている。

研究定例会は月一回、役員会、総会、公開講演会は年一回、開催される。古谷は教授かつ建築家として多忙なはずだけれど、どの会合にも必ず出席する。私の知る限り、欠席は一度もない。唯一、地方での仕事と研究定例会が重なり、新幹線からオンラインで参加した後、早退したことがあった。

研究定例会に先立ち、事務局会議が行われ、役員の指導のもと、助手や学生が入念に下準備をしている。研究定例会や事務局会議の資料や議事録はアーカイブされ、年度末には二〇〇ページを超える報告書をとりまとめている。研究資金を得て成果を挙げるには、これほどまでに本気で取り組む必要がある。

C・Wニコルとの出会い

本格的な体制を整えている森が学校計画産学共同研究会の始まりは、ひょんな出会いだった。かつてのプラダ・ジャパンの代表取締役・青木千栄子が建築に興味をもち、古谷研に入ったことがきっかけだ。青木は友人の犬塚悦司を新宿荒木町の飲み屋で古谷に引き合わせた。当時、犬塚は大手家具メーカー・オカムラの広報担当で、C・Wニコルと親交があり、「ニックさん」と呼ぶほど親しく付き合っていた。説明するまでもないが、ニコルは、ウェールズ生まれの日本の作家で、環境保護活動家でもある。ニコルが創設したアファンの森財団は、東日本大震災・震災復興プロジェクトの一環として、宮城県東松島市で高台移転する小学校で森の教室をつくる計画を進めていた。オカムラはこのプロジェクトに協賛し、犬塚が担当者として尽力していた。これに力を貸してほしい、と犬塚は古谷に相談をもちかけた。

新宿荒木町の飲み屋での出会いは、東松島の居酒屋につながる。ニコルと古谷はここで初めて顔を合わせた。古谷はすでに温泉に入った後で、浴衣姿で店に向かい、テーブルの端で待っていたニコルの正面に座った。まずビール、次に「食事はどうしようか」という段になったときに、「僕、ばくらい」とニコルは言った。これを聞いた古谷が、「ばくらいですか。いいですね」と応じたところ、「僕のはあげないからね。君もひとつ頼んで。あと、他のみんなの分もひとつね」と、ニコルは三皿のばくらいを注文した。

ばくらいでニコルと古谷は一気に打ち解けた。さらに、ニコルがエチオピアの自然公園で野生動物を保護していたときに密猟者と闘ったこと、古谷がボーイスカウトで野外生活のスキルを身につけていることなどを話すうちに、共通点が多いことがわかり、具体的な仕事の話はあまりしないまま、協働が決まった。

古谷はおもしろおかしくニコルとの出会いを語ってくれたけれど、私は「ばくらい」がどのようなものなのか、実はよく知らなかった。後で調べると、このわた（なまこの腸）とホヤの塩辛だとわかった。文脈から酒の肴だろうと予想はしていたが、いかにも酒呑みが好みそうだ。「いつも偶発的な出会いから始まる」と古谷は言うけれど、もしも私がニコルに出会えたとしても、ばくらいにも野外生活にも縁がないので、何も始まらずに、ただ遠くから眺めていただけだろう。そんなに簡単には始まらないんだけどな、と私は思う。

雲南のロングテーブル

森が学校プロジェクトの前に、古谷研では二つのプロジェクトで、ものづくりの経験を積み重ねていた。まず、月影プロジェクト（一章三節）では、学生が木製ルーバーや下足入れを製作した。もうひとつ重要な取り組みとして、島根県雲南市のプロジェクトがある。このプロジェクトにも青木と犬塚が関わっている。

古谷研に入ったばかりの青木から、「相談に乗ってあげてほしい自治体があるんです」と古谷は頼まれた。その自治体とは、六町合併で生まれた島根県雲南市で、役所などのあらゆる公共施設が六つあったものがひとつになり、遊休施設の利用方法について悩んでいた。雲南市の政策振興課長は、全国都市再生モデル調査の資料を携えて古谷研を訪れ、「これに応募したいので押印してほしい」と古谷に迫った。課長とは初対面だし、紹介してくれた青木ともまだそれほど深い付き合いではなかった。もしもこのような状況に私が置かれたら、押印には躊躇する。まず作業量と工程を確認して、他の仕事との兼ね合いを勘案するし、担当者がどれくらい本気なのかとか、ある程度は融通が効く人なのかとか、あれこれ気になってしまう。でも、古谷は委細構わず、その場で押印した。

結果は、首尾よく採択され、二〇〇七年度に六〇〇〇万円ほどの調査費を得て、二〇〇〇箇所以上の遊休施設を悉皆調査した。地元の方々ともよく飲み、よく話した。雲南市は桜の名所として有名で、斐伊川《ひいかわ》堤防の桜並木には多くの人々が訪れるけれど、商店街はほとんど閉まっていて、人々が足を伸ばすことはない。そこで古谷は、その年の暮れに桜まつりのイベントを提案した。翌二〇〇八年四月には、商店街に一〇〇メートルのロングテーブルを設置して桜まつりを開催した。ロングテーブルは学生がつくった。コンパネで天板と脚を構成する簡単な製作物だけれど、その効果は絶大で、商店街で食べ物を買って、ロングテーブルで食べる人々で賑わった。

桜まつりは単年度で終わらなかった。翌年も、翌々年も、ずっと続いた。古谷がニコルと出会って、ばくらいで意気投合したのは、桜まつりが雲南市に定着しつつある時期だった。

医者としての建築家

月影プロジェクトや雲南プロジェクトを通して、地域に対して何かできることがあるかもしれないと古谷自身も手応えを感じていた。建築家としてふつうに仕事をするのとは少しちがうモードで取り組むことになるけれど、やりがいのある仕事だと思い始めていた。この心境の変化は、古谷がいつも新入生に伝える言葉に現れている。

ヨーロッパの古くからの三大プロフェッションとして、医者、弁護士、建築家が挙げられる。このうち医者と弁護士は、病気、怪我、トラブル、離婚など、クライアントが人生で一番不幸なときに頼られる。プロフェッショナルとしてクライアントを助けて対価を得るので、医者も弁護士も羽振りがいい。一方、建築家は、クライアントが一番幸せなときにやってきて、家や会社や工場などをつくりたいと依頼する。いつも相手の方が立場が上で、あろうことか、相見積りを取られてしまうことさえある。最も安い見積りを出した者に頼むなんて、どうも割に合わない。死にそうなときに医者に相見積りを取るなんてありえないのとは対照的だ。でも、人生で一番幸せな状況にいる人がこれからの生活や社運をかけた建築を実現する際のパートナーとなるのも悪い仕事じゃない。たとえ、実入りはそんなによくなくても。負け惜しみのようだけれど、そんなふうに伝えていた。

ところが、月影や雲南でのプロジェクトに関わってからは、考えが変わった。建築家にも弱ったところや痛んだところを治す医者のような役割もあると感じ始めた。人口減少や町村合併によって疲弊した地域に入って働きかけることで、状況を好転させられる。これを東洋医学になぞらえて、古谷は次のように説明した。

「鍼治療のようなもの。建築批評家のケネス・フランプトンがアキュパンクチュア（acupuncture）を提唱したように、刺すのは鍼一本だけど、建築単体だけでなく、周辺にも影響を与えて、地域の血行をよくする」

月影や雲南でのプロジェクトが始まる前は学生とコンペに明け暮れていた。そろそろ、実物大のかたちあるものをつくるトレーニングが必要だと感じ始めていた頃、伊東豊雄と話す機会があった。伊東は「近頃の学生は頭でっかちで、ものをつくることがわかっていない。古谷さんは大学にいるのだから、学生が実感をもって手でつくることをやった方がよいのではないか」と言った。同じような危機感を抱いていることがわかり、古谷は研究室として本格的にものづくりに取り組み始めた。

森に入る

森が学校プロジェクトでは、現場で実物大のものづくりを行う。さらに、つくる以前の取り組みとして、森に入って伐倒や馬搬に立ち会うところから始める。

最初に学生が伐倒に立ち会ったのは、二〇一〇年に始まった奈良プロジェクトで、その後、東京都檜原《ひのはら》村など、折に触れて体験の機会を設けていた。二〇二二年度は、東京農業大学の奥多摩演習林で上原巌教授による伐倒に立ち会った。上原は、森が学校計画産学共同研究会の会員で、造林学を専門としている。

研修センターで上原から概要説明を受けた後、いよいよ森に入る段になると、学生たちが「では、準備します」と言って、持参した大きな箱から、つなぎとヘルメットと安全靴を取り出し、手早く着替えた。実は、半袖短パン姿の学生たちを見て、そんな軽装で森に入って大丈夫かしら、と私はやきもきしていたけれど、学生たちの方がよほど手慣れている。

上原の案内で森に入り、クロモジ、アセビ、オオバアサガラなどを、見たり、触ったり、匂いを嗅いだりしながら解説を聞き、人工林と天然林の違いを観察した後、体験実習が始まった。樹木の直径、樹高、枝張りを計測し、これらのデータをもとに樹冠投影図を作成した。かなり手間がかかる作業だけれど、学生たちは声をかけ合いながらチームワークよく進め、あっという間に完了した。樹冠投影図は、さすが建築を専攻する学生だけあってうまく描かれていた。よく見ると、樹冠はかなりいびつな形をしている。正円に近い樹冠の木は樹高が高く、他の樹木の影響を受けないものだと上原から説明を受ける。建築の図面では、樹木はだいたい正円に近い形で描かれる。でも、実際には、樹冠はいびつだし、樹高によって樹冠の形状は異なる。教室に座っているだけでは学べないことを、学生たちは森の中で体験的に習得した。

その後、上原が檜を伐倒した。学生たちは固唾を飲んで見入っていた。木が倒れるとき、ドン、という轟音と振動が腹の底に響いた。

東京農業大学の奥多摩演習林で檜を伐倒する上原巌教授。学生たちは伐倒する木の山側に立ち、木が倒れる瞬間を見つめる。

赤鬼怒る

東松島の震災復興プロジェクトで、ニコルは小学校を木造化しようと提唱していたが、一筋縄ではいかなかった。東松島にはブルーインパルスの基地がある。戦闘機が離発着するため、防衛省による防音一級工事が求められる。つまり、RC（鉄筋コンクリート）造が大前提で、認定された防音サッシを使用する必要がある。そうすれば、工事費の一〇〇パーセントの補助金を獲得できる。だから、役所は従来どおりの方法で進めようとする。

ニコルと古谷の助言にも関わらず、役所は基本設計を入札で契約することに決定した。しかも、超低額入札という事態になり、「小学校を森の教室にする」という構想をかけらも反映しない基本設計案が示された。ニコルは激怒して、「こんなことをするんだったら、僕は帰るよ！」と顔を真っ赤にして叫んだ。「まるで赤鬼のようだった」と古谷は振り返る。

その後、実施設計からでもプロポーザルにすべきだと役所を説得して、なんとか実現した。けれども、すでに計画に深く関わっていた古谷はプロポーザルに応募できなかった。ここまでやってそんな事態に追い込まれたら、もう関わらなくてもよいのに、古谷は別のアプローチを探った。それは、建築家として作品を残すとか、いくばくかの報酬を得るとか、そんなことではなかった。

馬搬と木ダボでつくる森のデッキ

古谷のアプローチは「森が学校」の基本理念に立ち返るものだった。小学校の裏山の森に学びの場をつくろう、という計画だ。あれこれ検討した末、桜の木のまわりに馬のひづめのかたちをした展望デッキを設計して施工した。東松島のこどもたちは、このデッキから自分たちのまちと、その先の海を眺められる。

木材は、馬が運んだ。馬搬と呼ばれる伝統的な方法で、トラクターなどの重機とは異なり、土壌を踏み固めたり、立木を傷つけたりすることがない。二酸化炭素を排出しないので環境にも優しい。ただ、専門的な調教や日ごろの世話が必要で、現在、馬搬ができる人は少ない。木材の接合は、釘やビスを使えば簡単だけれど、朽ちて自然に還る材料を使うというコンセプトで、木ダボを使った。一つひとつ穴を開け、上下の位置を合わせて、木ダボを差し込んだ。

馬搬も木ダボも、手間がかかる。効率を考えたら重機や金物を使いたいところだけれど、馬搬や木ダボにこだわるのは、自然のサイクルを尊重する「森が学校」の理念に沿っているから。さらに、学生への教育としても意義があるから、と解釈できる。でも実際には、そんな解釈を吹き飛ばすくらい、学生たちは初めて見る馬搬に釘づけになり、「せーの」と声を掛け合いながら協力して木材をもち上げて木ダボで接合し、お祭りのような雰囲気で盛り上がっていた。

二〇一四年に竣工した「馬のひづめ展望デッキ」は、だんだんと経年劣化していき、部分的に朽ちてきた。とうとうこどもたちが利用するのに支障が生じてきたので、二〇二二年に朽ちた

馬搬。馬が木材を運ぶ。重機とは異なり、
時間も手間もかかるけれども、森に優しい。
いまどき、めったに見られない光景。

桜の木のまわりに配置された馬のひづめ展望デッキ。ここに座ると、東松島のまちとその先の海が見える。

部分を修復する工事を行うことになった。当初の杭を残し、その上の大引きを新しい材に取り替える計画とした。

この大引きを水平に固定する作業に学生たちは苦戦していた。大引きを横から押すと簡単に外れてしまい、施工をやり直したこともあった。いつもエネルギーがみなぎっている学生たちも、二週間ほど泊まり込みで作業を続けていたせいか、少し疲れを滲ませていた。

そこに助っ人が現れた。二〇一四年に馬のひづめ展望デッキをつくった江島宏太が手伝いに来た。江島は古谷研でものづくりを体験したことをきっかけに、大工に弟子入りした。筋肉隆々で、ねじり鉢巻がよく似合う。経歴を知らずに会うと、むしろデザイン系の研究室に在籍していたことに戸惑うくらいだけれど、現在は一転して構造設計の仕事をしている。その江島が自分の大工道具を持参して、休日返上で東松島まで後輩をサポートしにきた。

ところで、馬のひづめ展望デッキでは、二〇一四年の新設工事でも、二〇二二年の修復工事でも、地元の神吉夫妻から多大な協力を得ていた。道具の準備や施工の指導、さらに学生たちの宿泊先は神吉夫妻が所有する施設で、何かと面倒をみてもらっていた。神吉夫妻は七年ぶりの江島との再会に目を細めた。「江島くんと俺でやればすぐに終わるよ」と、神吉さんが声をかけ、その言葉どおり、学生たちが手こずっていた大引きのレベル調整を二人でさくさくと進めた。学生たちは、息の合った二人の共同作業を目の前で見ていた。

人を育てるメカニズム

大引きにデッキ材を固定し、小口を切り落として揃えたところで、地元のこどもたちの出番だ。小口にやすりをかける作業がある。もともとの計画では、こどもたちが参画する予定はなかったが、学生たちが小学校を訪れたときに、ある先生から「こどもたちができる作業はありますか」と相談を受けた。そこで、学生たちは、こどもたちに協力してもらえる作業をすぐに検討した。簡単に実現したようにみえるけれど、そもそも、こどもたちが森で学ぶ機会を尊重する先生がいなければできない。実際、森があってもうまく活用できない先生は少なくない。

こどもたちや地元の方々との協働作業は、古谷が地域でプロジェクトに取り組むと決めたときから大事にしてきたことだ。

「協働作業が重要なコミュニケーションの機会になるというのは実感としてありました。昔は、農村では、雪が溶けたら田植えのためにどぶさらいしたり、草刈りしたり、苗代を準備したり、村が総出でやる仕事がありました。こういう協働作業があってはじめて世代を超えて共有されます」

祭りにも言及した。

「農業の主翼を担うのは働き盛りの大人だけれど、収穫されたらお祭りがあって、お祭りにはこどもの出番もちゃんとある。そこには、お祭りをマネジメントする、それこそ、宴会係のような人もいて、こどもからお年寄りまで上手に配役していくようなことがありますよね。これが、昔の農村がもっていた地域文化を継承しながら人を育てていくメカニズムの原型だとすると、いまはそれがなくなっちゃった。だから、協働作業の場を意識的につくっていく必要があります」

なるほど、雲南でさくら祭りを提案したのは、古谷特有の思いつきのようにみえて、そういう理由があったのかと腑に落ちた。もしかしたら、古谷研でお祭りムードのイベントが多い理由もここにあるのかもしれないと邪推し始めたけれど、楽しいからやっているだけのようなので、深追いするのはやめておく。

不愉快な木造

森が学校プロジェクトに限らず、古谷研では木造や木質空間について議論することが多い。その際、古谷がよく口にする言葉に「不愉快な木造」がある。

「木を使えばいいでしょ、というぞんざいなやつ。『不愉快な木造』というときには、そういうのを指しています」と古谷は言う。

地球温暖化防止のために炭素の固定が求められる昨今、確かに、とにかく木を使えば文句がないだろうという態度が透けて見える建築を見かける。「不愉快な」という言葉は、そのような態度を描写するのに用いられる。

もうひとつ、「暑苦しい木造」という言葉も使う。これは、熱意や愛着をもって木を使っているけれど、食傷するほど木が多用されているものを指す。「木々《もくもく》した感じ」と表現することもある。どのくらいがちょうどよいのだろう。

「気持ちよいと思える木の空間には、ちょうどよいバランスやプロポーションがあって、全面が木ではない方が木のよさが引き立ちます。統計をとっているわけではないんですが、大雑把に言えば、半々くらいにすればうまくいくという経験則があります。木でない部分には、木を引き立たせる対照的な材料が組み合わされているといいですね」

例えば、古谷がニコルのために設計した「ホースロッジ」では、馬房は隔壁に間伐材を用いた板倉工法を採用しているが、人が滞在する空間は長野県産スギ製材の木架構にプラスターボードの白い壁やロフト裏の黒いパネルで構成している。「道の駅たのはた」は岩手県産アカマツ製材のトラス架構に白い腰折れ天井で構成し、妻面にはポリカーボネート板を嵌め込んでいる。「奈良高校移動式体育館」は奈良県産材のスギを用いたシザーストラス構造にステンレスメッシュをくしゃくしゃにして仕上げている。

「要は、やたらめったら木にしないこと。線材の架構には木を使って、壁や天井などの面材ではあまり使わないようにします」

どんな森でも木は線材として存在している。面で広がることはない。だから、床、壁、天井のあらゆる面に木が用いられると、違和感を覚えるのだろう。確かに、と納得したが、「不愉快な」とか、「暑苦しい」とか、こういう形容詞を木造に使うところが、いかにも古谷らしい表現だと余計なことに気が散っていた。

道の駅たのはた。岩手県産アカマツ製材のトラス架構に白い腰折れ天井。ハイサイドライトから柔らかい光が入る。

2

学生と協働するコンペ
——蒲郡市西浦地区・学校複合施設プロポーザル

応募に値するプロポーザルの条件

二〇二二年四月末、「学校複合施設実施設計業務（塩津・西浦地区）業者選定プロポーザル」が公告された。愛知県蒲郡市の二つの地区で、保育園、小学校、中学校、公民館などの複合施設を提案するプロポーザルだ。

この情報を得た瞬間に、古谷は応募することを決めた。あまたのプロポーザルがある中で、古谷は応募に値するか否かを判断する基準をもっている。まず、審査員の質だ。

「プロポーザルは、勝負ともいえますが、審査員とのキャッチボールでもあります。僕たちの球をちゃんと受け止めてくれるかどうか。審査員の質が問題。だから、審査員が公表されていないプロポーザルは言語道断で、やっても骨折り損にしかなりません」と古谷は断じる。

もうひとつの基準は、提案の自由度だ。古谷は事務所と研究室の両輪で設計しており、事務所でプロポーザルに応募することもある。研究室で応募する場合は、学生とブレストして案づくりができる自由度があるかどうかを見極める必要がある。ちなみに、古谷は一案くらいはすぐにつくれるらしい。安東勝男のアドバイスに従って、学生が相談に来たら、その場で一案つくるトレーニングを重ねてきたからだ。プロポーザルでは、自分の案をひとまず脇に置いて、学生と議論するに値するかどうかを判断する。すでに古谷の中で提案の方針が定まってしまっていたら、学生と一緒にやる意義はない。

このプロポーザルは、学生と取り組むにはうってつけのテーマだった。小学校を中心に地域との関わりを提案する。これは古谷が早稲田大学で設計課題として出題している「ハイパースクール」の実践版ともいえる。学生たちの関心も高い。議論する時間も十分確保されている。なにより、審査員が公表されていて、信頼できる専門家たちが名を連ねている。古谷は即刻エントリーした。

ちなみに、このプロポーザルは塩津と西浦の二地区を対象としている。古谷はどちらかひとつに絞るのではなく、両方にエントリーした。二つのプロポーザルに同時に応募するのは負担が大きすぎないだろうか。そこで、ひとつに絞ることは考えなかったのかと質問したところ、「学生との議論を広げるためにも、題材は複数ある方がよいと考えました」と真っ当な回答を得た。同時に「一次審査の段階では、二つの地区に応募することが不利になることはないという読みもありました」という戦略も開示した。「ただ、二次審査で二つの提案をするのは過酷だろうなぁ、とは感じていたけど……」と本音も語った。蓋を開けてみると、一地区に絞った設計事務所もあったけれど、二地区に応募した事務所は少なくなかった。

ぐずぐずと始まり、スマートに終わる

プロポーザルに参加したいとみずから希望した学生一〇人ほどを交えたプロポーザルの打合せは、緊張感なく、ぐずぐずと始まった。著名な建築家との設計打合せだと身構えて気を張っ

ているのは私ひとりで、学生にとっては日常の延長のようだ。それはそうだろう。ふだん接している指導教員とのミーティングなのだから。

学生は、いきなり瑣末な各論から話し始めたり、資料として配った図面がノンスケールだったり、明らかに構造的に無理がある提案をしたり、設計事務所の新人だったらどやされるようなことを無邪気にやっていたけれど、古谷はまったくイライラする様子を見せない。

「慣れました」

なんでもないことのように古谷は言う。そんなことよりも学生と議論するうえで大事なことがあると知っているから、気にならないようだ。そんなものかな、と思いながら自分の状況を振り返ると、確かに着任直後は学生に対してやたらとピリピリしていたけれど、だんだん慣れてきた。でも、一五年後を想像しても、古谷のように泰然としていられる予感はない。

学生とのプロポーザルは予想していたよりも大変そうに見えたが、初回の打合せが終わった直後に学生のスマートさとチームワークのよさを知ることになった。すぐに議事録が共有されたのだ。いつのまに書いたのかと思い返すと、提案を説明する学生の横でパソコンに打ち込んでいる学生がいた。役割分担して、議事録担当を決めていたようだ。

さらに、大事な議論の場面での古谷のコメントを録音した音声ファイルもアップされた。そういえば、敷地調査の際にも、現場を歩く古谷にぴったり付いてまわる学生がいた。不自然な角度でスマートフォンをもっているのが気になっていたが、現場で語る古谷の言葉を録音するためだったと気がついた。古谷の言葉を録音するのは、古谷研ではよくあることのようだ。卒論ゼミや講評会での古谷のコメントを録音し、何度も聞き返しているという学生もいる。

前言撤回・朝令暮改

蒲郡のプロポーザルでは、すでに住民とのワークショップを踏まえた基本計画が示されており、これを踏襲しながら計画を発展させることが求められていた。また、二地区のうち西浦地区の敷地には高低差があり、難しい設計条件だった。学生との打合せは、しばらく試行錯誤が続いた。

特別支援学級の配置がうまく納まらずに行き詰まっていたときには、「そこをなんとか」とつぶやきながら、古谷は図面に赤入れした。何度も線を重ねて検討する様子は、しかめ面で難問を解くというよりは、無心にお絵描きするこどものように楽しそうだ。ふと、学生の様子を見まわすと、みんな古谷の手元を見つめていた。

提案のポイントとなる木造とRC（鉄筋コンクリート）造の区分ついても、何度も案を練り直した。そのたびに、「前言撤回しますが」「朝令暮改のようですが」と方針変更の言葉を差し挟んでから、次の道筋を示した。

あまりに変更が多いうえに、さらに以前の案に戻るような方針を古谷が示したときに、助手の宮嶋が思わず「いまさら?」と語気を強めて言い放った。こんなにきつい言い方をして大丈夫かしらと私はどきどきしたけれど、むしろ、古谷はなんだか申し訳なさそうに「しょうがないんだよ。行ったり来たりするもんだ」と言った。

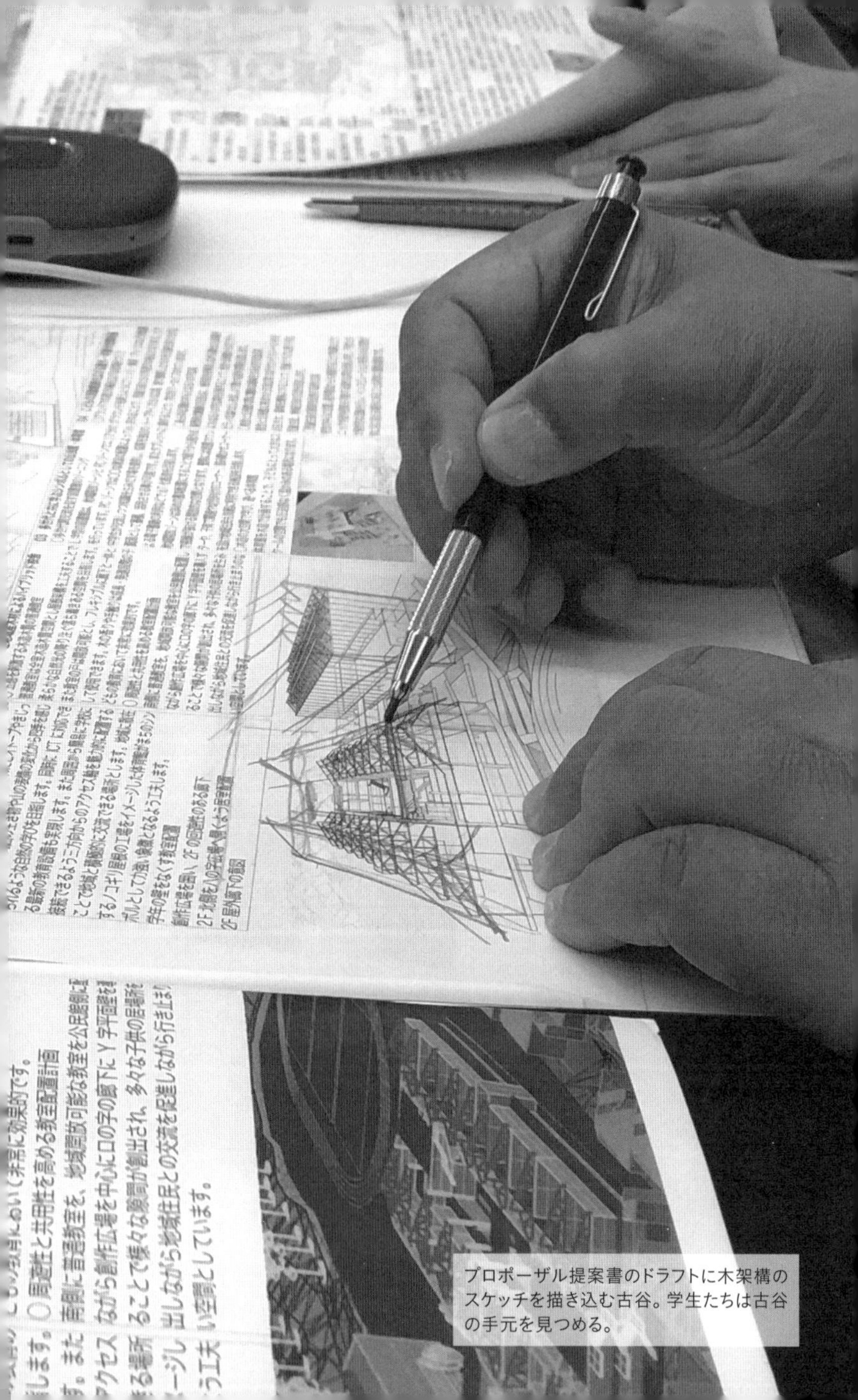

プロポーザル提案書のドラフトに木架構のスケッチを描き込む古谷。学生たちは古谷の手元を見つめる。

Z世代は「最速で進めたい」、つまり、最小限の労力で最大限の成果を得たいという傾向があると言われる。一方で、こと設計に関しては、最短距離では得られないものがあるという立場がある。これらの思いが葛藤する場面のように見えたけれど、実際はちがった。後で宮嶋に話を聞くと、「別に私はいらだっていたわけではないです」という。度重なる変更に対して何も言わずにただ従うと、学生たちはもやもやした思いを抱え、モチベーションが下がる。学生が納得できるようにしたい、だから、これまでの変更の経緯を確認しただけ、と宮嶋は説明した。

TAエスキスのようなもの

試行錯誤していた打合せも、「なんかいい感じになってきたんじゃないか」と古谷がつぶやきながら機嫌よく図面に室名を手書きで記入するくらいまで具体的に仕上がってきた。ここに至るまでの打合せは、もちろん古谷を中心に進められるが、常にこと細かく指示することはない。古谷が参加しないミーティングもある。そういうときには、NASCAの設計室長の杉下、設計担当の小坂、早稲田大学助手の宮嶋、池田、嵐が学生を導いていた。

船頭多くして船山に登る、というが、指示する人が複数いても方向性は一貫しているようにみえた。なぜ、このような状況が実現できるのか。ミーティングのプロセスを振り返ってみると、指示する人たちは、「後で古谷さんに言われると思うから先に言っておくけど、教室に家具を記入しておいて」「古谷さん的には、この立ち下がり壁が木だとうれしいよね」というように、古谷がどう判断するかを意識して、学生に方向性を示していた。こういう優秀なスタッフ

プロポーザルのミーティングの一コマ。考えごとをしている古谷の脇で、別のことを考えたり、作業を確認したり、別の作業をしたり、それぞれバラバラのことをしている。

が揃っていれば、ボスは楽だろう。でも、スタッフはボスと学生の間で板挟みの苦労がありそうだ。そこで、このプロポーザルではやりにくいところがなかったのかと尋ねたところ、宮嶋は「まぁ、いろいろありますけど。でも、TAエスキスみたいなものなので」と聞き慣れない言葉を用いて答えた。

ティーチング・アシスタント（TA）は多くの大学で採用されているが、TAエスキスという言葉は、私は早稲田大学で初めて耳にした。これは、設計課題で教授陣が学生に指導する前に、先輩であるTAが学生にエスキスを行う仕組みだ。TAは課題の主旨を理解して、学生にアドバイスするけれど、まったく異なることを教授が言い出す場合もある。それはそういうものだ、と学生もTAも認識している。社会に出るとますます多様な意見にさらされることを考えると、学生にとってもTAにとっても、よい仕組みといえる。TAが基礎的なアドバイスをしてくれれば、教授陣の負担も減り、助かるだろう。

学生の強み――生きている模型

そうこうしているうちに、一次審査の締切が迫ってきた。古谷の最終確認を得て提出したという報告がスラック（slack）に上がると、次々にハートや拍手などの絵文字が多数表示され、学生たちがほっとしている様子が伝わってきた。

その二週間後、西浦地区の提案が一次審査で選ばれたという連絡が届いた。提出時と同様に、万歳の絵文字などが表示された。

古谷の様子はというと、手放しで喜ぶ様子はなく、かと言って「二次審査こそが正念場だ」というような肩肘張った意気込みも感じられず、自然体だった。

さっそく翌日の朝一番にキックオフミーティングが設定された。昨日の今日、という急な呼びかけにも関わらず、メンバーのほとんどが出揃った。二次審査に向けて、古谷は改めて要項をじっくり読み込んでから、学生を見まわして言い渡した。

「模型は、ありだな」

一次審査の段階でも周辺環境を含めた五〇〇分の一の模型をつくって検討していたが、二次審査のために一〇〇分の一の詳細な模型をつくることに決めた。プロポーザルによっては模型写真を掲載不可とする場合があるので、慎重に要項を確認したのだ。

この模型に学生の力が炸裂した。建築空間だけでなく、斜面や樹木などのランドスケープをつくり込み、カラフルな人の点景を置き、そこでのアクティビティをいきいきと伝える見事な模型をつくり上げた。

ある学生が、いたずらっ子のようにニヤリと笑って、「この中に古谷さんがいるんですよ」と言った。探してみると、屋外の広場に古谷を模した人がいた。こどもたちに囲まれている。なんだか動き出しそう、声まで聞こえてきそうだ。外注すれば、精度のよい模型を手に入れることはできる。でも、こんなにもいきいきとした模型は、勢いのある学生でなければつくれない。

この模型には、古谷も前のめりで見入った。「このアングル」とつぶやきながら、みずからのスマートフォンで撮影して、すぐに学生のパソコンに写真を共有した。

模型をつくる学生。この空間でこどもたちがどのように行動するのかを考えながら、ピンセットで人の点景を配置していく。

学生が製作した模型をあちらこちらから眺めた後、このアングルで撮影するように指示する古谷。

プレゼンシートの極意

学生とのミーティングでは、古谷は頻繁に学生に質問する。

「この角《かど》に何が来ると（どのような室が配置されると）うれしいと思う？」

「いろんな案があるけれど、どれがイチ押しなの？」

全員に問いかける場合もあるし、担当したチームに尋ねるときもあるし、ひとりの学生に聞くこともある。このように学生の意見を掬い上げようとする場面も多いが、学生に教えることもある。そのうちのひとつに、審査員がどこに着目してプレゼンシートを見るか、つまり、プレゼンシートの極意がある。古谷は学生に以下の三点を伝えた。

プレゼンシートの第一の目的は、もちろん、内容を見ること。第二に、写真や文献の引用元をきちんと明記しているかどうか。剽窃をしない信頼できる設計者かどうかを判断する。そして第三に、シートのレイアウトデザインや色づかいといったグラフィックのセンスが挙げられる。審査会場にプレゼンシートが掲示されることもある。そのとき、複数枚のプレゼンシートの割付のラインが揃っていることが望ましい。複数のシートを縦に並べて貼られることも、横に並べて貼られることもあるので、縦と横の両方の割付が通っていることが最も理想的だ。

これらの指摘は、論文の査読と似ているところがある。一つめの内容、二つめの出典の明記は当てはまるが、三つめのグラフィックのセンスは、論文にはあまり関係ないと思われるかもしれない。だけど、とくに建築系の論文について言えば、美しい図表を適切にレイアウトすれば、情報量が多く複雑な分析結果を的確に伝えられる。プロポーザルで鍛えたスキルは、研究でも役に立つ。こういうところでも、「研究も、設計も」という姿勢が生きてくるのだろう。

ジョギングで見えるもの

「もう一度、敷地に行こう」

二次審査に臨むにあたり、古谷はこう提案した。もちろん、一次審査の前に敷地調査を行っていたけれど、改めて、学生を含めて総勢九名で再び敷地に向かった。

東京から西浦への交通費はそれほど高いとはいえないが、人数と回数が増えるとけっこうな額になる。設計事務所だったら担当者二、三名が出張するのがせいぜいといったところだろう。ましてや仕事になるかどうかわからないプロポーザルでは、経費はあまりかけたくない。

なぜ、学生たちを何度も敷地に連れていくのだろう。

「こればっかりは口で説明しても伝わらないので、現場で見てもらうしかないんです」と古谷は説明する。現場をどのようにまわり、どこを見ているのか、何を気にしているのか。そういった姿を学生がそばで見る機会をつくっていたのだ。

ただ、教育的な役割があるにせよ、古谷は頻繁に敷地を訪れる建築家だと思う。二次審査のプレゼンテーションの前にも、スケジュールを考えると当日の朝に東京を出れば十分間に合うのに、忙しい予定を調整し、わざわざ前泊して、夕に朝に敷地をたびたび訪れた。

敷地調査では、ただ敷地を見て帰ってくることはない。その建築を成立させるために、敷地の周辺にどのような人がいて、どのようなものがあるのか。つまり、人々の生活、自然、文化、産業、交通などを捉え、これらがどのようにかたちづくられているのかを把握する。古谷はこのような敷地をとりまく面的な広がりを「ヒンターランド、つまり、後背地」と呼んだ。

ヒンターランドを把握するために、徒歩で調査すれば密着して観察できるけれど、範囲は限られる。車を活用すれば範囲は広がるが、見落とすものもある。だから、両者をうまく組み合わせる必要がある。もうひとつ、ジョギングという方法もある。

古谷は、毎朝、ジョギングを欠かさない。旅先でもジョギングシューズを持参して走る。前の晩にどんなに呑んでも翌朝には走る。「歯磨きのような日々のルーティンになっているので、走らないとなんか落ち着かない」というけれど、私は古谷の半分くらいしか呑んでいなくても、翌朝早くに走るなんて考えもしない。散歩がやっとだ。それすらきついときもある。なんとか起きて朝食をとりに行くと、ジョギングを終えて温泉でさっぱりした古谷が、「走っていたら、こんなものを見つけました」と石碑や造船風景の写真を見せてくれたこともある。ちなみに、助手の宮嶋も一緒に走ることもある。なんだかんだと文句を言いながら、師によく付き合う。

ジョギングは、敷地の周辺を比較的広範囲に、同時に、つぶさに見てまわるのに適している。五キロ走れば、かなりの範囲をカバーできる。ゆっくり走りながらまわりを見ると、目に入ってくるものも多い。その中で「なんだか重要な関連がありそうだと感じるものがあるんです」と言い、古谷は、再び、あの人の名を挙げた。

「そうか。それも吉阪さんなんだな。発見的方法……」

吉阪隆正の発見的方法とは、「新しい建築プロジェクトに際し、一切の抽象的な解決の理論や特定のフォルムへの事前のこだわりを排して、敷地における発見、人々や状況から学ぶことを優先する方法▼2」だ。

「僕はかなりの割合で多くのものを見逃しているんですよね。しらみつぶしということをしないから。通った経路しかわからないし、その経路は直観的に選んでいる。一言でいえば、嗅覚でしかない」という古谷の言葉は、「発見とは徹底的に部分的であってよい▼3」という発見的方法の言説に重なる。

古谷が西浦地区で発見したもののひとつに、一軒の店がある。カフェともバーとも料理屋とも呼べない形容しがたい店だ。そもそも家のようで、店として入ってよいのかどうかも迷う。二次審査のプレゼンテーションのために西浦温泉に前泊していた古谷は、早朝のジョギングの途中で温泉街道の一すじ海側にあるこの店を発見した。学生と一緒に私もこのあたりを何度も踏査したはずなのに、まったく気づかなかった。

プレゼンテーション当日の昼前に、NASCA設計室長の杉下、助手の宮嶋、そして私が合流し、まずは四人で食事をしようということになった。「今朝、ジョギングをしていて、気になる店を見つけたんだけど……」と、古谷が私たちを引き連れてきたこの店は、四席のみ。メニューは洋食か和食かという選択肢のみ。あとは店主にお任せで、これがとんでもなくおいしい。聞けば、米と野菜は手づくりで、魚は目の前の漁港で仕入れたという。最近になって安城から蒲郡に移住してきたこと、娘さんが西浦小学校に通っていることなどを伺いながら、ゆっ

西浦地区の風景。海、森、のこぎり屋根の建物群などが広がる。古谷は、車、徒歩、ジョギングで踏査した。

たりと味わった。大事なプレゼンテーションの前とは思えないリラックスした時間だった。

帰り際に、「実は、西浦の小中学校のプロポーザルのプレゼンテーションで来ました。またこちらに通えるとよいのですが……」と古谷は挨拶して、店を後にした。

トラブルにも泰然と

プレゼンテーションまでには、まだたっぷり時間がある。会場に向かう前に、また、敷地に足を運んだ。敷地の裏手には神社があり、お詣りした。古谷は、長く、低く、頭を下げていた。

その後、四人で最後のリハーサルを行い、ほんの少し時間が足りないけれど、うまくいきそうだという感触をつかんだ。会場での座席の位置も検討し、舞台中央のスクリーンに近い側に古谷、隣に杉下、その横に私、パソコンを操作しやすい舞台袖の近くに宮嶋と配置を定めた。

準備万端で会場に着いたが、まだ時間がある。空調の効かない蒸し暑いロビーでしばらく待った。いよいよ出番となり、四人で舞台に立った。だけど、なんだか様子がおかしい。スクリーンにスライドが投影されないのだ。マック（Mac）とプロジェクターの接続がうまくいかないようだ。再起動しても、変換アダプターを何回抜き差ししても、予備として持参した変換アダプターに付け替えてもうまくいかない。そこで、宮嶋が機転を効かせてデータを役所のウィンドウズ（Windows）のパソコンに入れて、ようやくスライドが映った。

淡々と描写したけれど、私はかなり焦っていた。あれだけ考え尽くしてきたのに、学生が徹夜で模型をつくったのに、こんなによい提案なのに、万一、映らなかったらどうしようとハラハラしていた。

一方、古谷は泰然としていた。ようやく映ったスライドは、マック（Mac）からウインドウズ（Windows）にデータを移行したため、フォントが反映されず、英数字が飛んでいた。つまり、章立てを示す順番がわからないし、ＲＣ（鉄筋コンクリート）やＺＥＢ（ゼロ・エネルギー・ビルディング）といったキーワードが空白になっている。そんな状況でも、古谷は適切に言葉を補って説明した。それどころか、「昼ごはんを食べに寄ったお店のお嬢さんがこちらの小学校に通っていると伺いまして、地元のこどもたちが地域の方々に見守られているということがよくわかりました」というエピソードを披露する余裕すらあった。

いつもの調子が出なかった理由

ピンマイクを外して外に出た。蒸し暑い空気は夕方の爽やかな風に変わっていた。古谷は足早に次の出張先である沖縄に向かった。杉下と宮嶋と私で、東京へ帰る前に豊橋駅前で少しだけ慰労会をした。当然、スライドが映らなかったことに話が及んだ。杉下が「古谷さんは、いつもの調子が出ていなかったよね」と言い、宮嶋も賛同した。私にはトラブルをものともしない冷静なプレゼンテーションに見えたけれど、古谷の身近にいる二人には違和感があったようだ。確かに、章立ての数字やキーワードが表示されていないとやりにくかったのだろう、と私は呑気にも思っていたが、実は、その原因は私にあった。そのことは、後日、判明する。

二次審査から結果発表までの間に、古谷は打上げを行い、学生の労をねぎらった。ひとしきり、接続トラブルが話題となった。詳しい状況を聞くと、役所のパソコンにデータを入れたときに、宮嶋はとっさにファイルサイズを縮小したそうだ。移行先のパソコンのスペックを見て、データが重すぎて固まるかもしれないと見越しての配慮だった。実際、プレゼンテーションが終わった瞬間にパワーポイントが落ちて、質疑までの間になんとか回復した。

宮嶋の冷静な仕事ぶりをみんなで讃えていたところ、古谷がちょっと茶化した。

「でも、宮嶋も焦っていたよな。タイマーがカウントダウンになっていた。僕は引き算ができないから、調子が狂っちゃった」

すかさず、宮嶋が答えた。

「私はちゃんとカウントアップに設定しましたよ。古谷さんのところに行くまでに、誰かがスクリーンをタッチしたから、カウントダウンになってしまったんです」

プレゼンテーションのもち時間二〇分の進行を把握するために、宮嶋のタブレットでタイマーアプリを活用した。席の並び順は、舞台袖から、宮嶋、私、杉下、古谷の順で、宮嶋が設定したのちに、古谷が見やすい位置にタブレットを順に手渡していく、という段取りになっていた。手渡しの段階で、私が不用意に画面を触ってしまったのだろう。長年、古谷とタッグを組んでいる杉下がそんなミスをするはずもない。私は、画面に触るとカウントアップからカウントダウンに変更されることを知らなかった。しかも、残り時間を示すカウントダウンよりも、二〇分に向けてカウントアップしていく方がやりやすいとは思いもしなかった。まさかこんなところで足を引っ張っていたとは、と申し訳ない気持ちでいっぱいになった。

そんなことを思っているうちに、話題は、結果はいつどのような方法で知らされるのだろうという点に移っていった。「当選してたら、そろそろ事務局から連絡があってもいいような気がするけど」と、杉下がこれまでの経験から教えてくれた。ということは、まだ連絡がない我々には望みが薄いのでは、という雰囲気になりかけたときに、「悪い知らせも来てないから、そうとも限らない」と、古谷はみんなを励ます言葉をかけたけれど、心なしかいつもより元気がない。

打上げの二次会には参加せず、先に帰る古谷の小さくなっていく後ろ姿を見て、ますます心苦しくなった。

おめでとうございます

朗報は、朝一番に届いた。古谷からのメールは「おめでとうございます」という言葉で始まり、メンバーへの感謝が記され、「優先交渉権者として特定しました」という役所の文書が添付されていた。接続トラブルにも関わらず、また、私のミスにも左右されず、提案が真っ当に評価されてよかったと心底ほっとした。学生リーダーは、涙が出るほどうれしかったそうだ。古谷の様子は、というと、いつもどおりだったが、桜山小学校以来となる小学校のプロポーザルに当選したことには格別の思いがあったそうだ。

後日、蒲郡市のウェブサイトに詳細な審査結果報告書と二次審査のプレゼンテーションの動画が公表された。審査結果を見ると、NASCAの提案は、一次審査では僅差で二位、二次審査では七票中五票が集まり、圧勝といえる状況だった。タイマーアプリごときの小さなミスの影響はまったくなかった。こうして、ひと夏をかけたプロポーザルは一区切りついた。

ここに至るまでにいくつもの負けがあった。古谷は当選しなかったコンペのことを屈託なく話す。

「あのコンペは負けたんですよ」

「すごくよい案だと思ったんだけど、選ばれなかった。ほんと残念」

「あれは、箸にも棒にもひっかからず、二次審査に呼ばれなかったんだよなぁ」

成功の背後には負けが累々と積み重なっている。

お礼参り

プロポーザル当選後しばらくして契約が整い、蒲郡市役所へ設計打合せに向かった。打合せの前に敷地へ足を運んだ。まだ設計が始まっていないのに、いったい何回目だろう。でも、古谷にとってはたびたび敷地を訪れるのはいつものことだ。二次審査のプレゼンテーションの前にお詣りした敷地の裏山の神社で、「お礼参りをしましょう」と杉下が水を向けた。古谷は先頭に立ち、二次審査のときと同様に、長く、深く、頭を下げていた。

蒲郡市での初めての打合せは、いくつか懸念事項はあるものの、終始なごやかだった。顔を合わせたばかりなのに、深海魚メヒカリは唐揚げにして食べると抜群においしいという話題になった。そこから、西浦地区は漁師町で料理のイベントが多いこと、調理室への期待が高まっていることなどに話が広がった。ここから蒲郡市との長い付き合いが始まる。

インタビュー実録
古谷誠章の本音

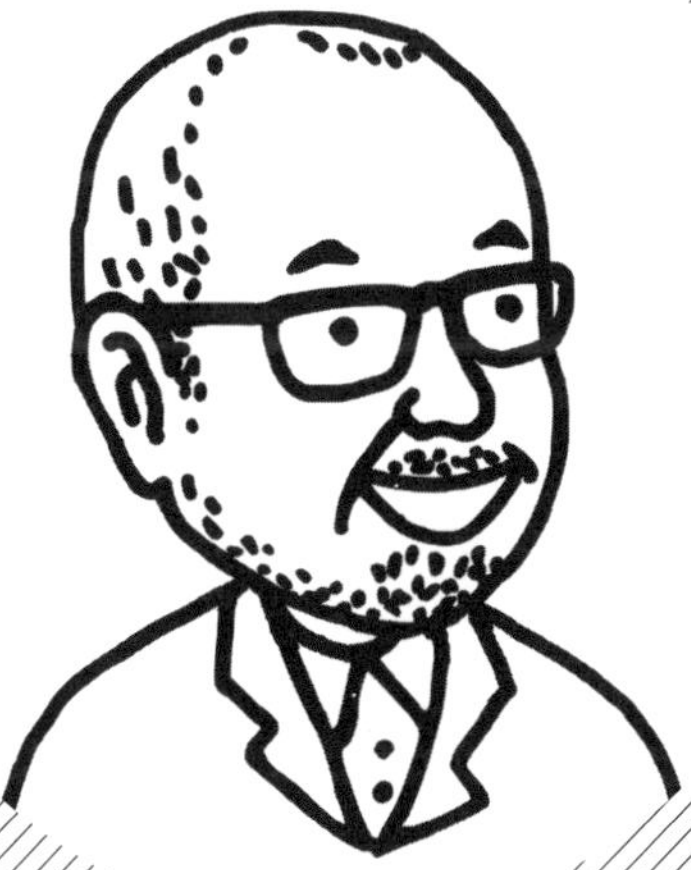

NOBUAKI
FURUYA

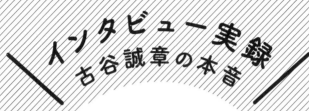

――これまで、「一〇〇人を超えるメンバー一人ひとりに対して、どのように指導したら、こんなにも優秀でユニークな方々が巣立っていくのだろう」という問いを立て、古谷研の活動を観察し、インタビューを行ってきました。

どうなんですかね。そんなに（一人ひとりの能力を）ちゃんと十分引き出せているかどうか、ちょっとよくわからないんだけど、なんせ数が多いから。向こうから来てくれれば答えられる。来てくれないと答えられないから、一〇〇人全員うまくいっているかどうかはわからないですね。

だいたい、僕の研究室運営は、『来る者を拒まず、去る者を追わず』という感じなので、とくに強く勧誘することもそんなにはないし、どこかに行きたいのに引き止めることもほとんどない。

古谷研には入っているけど来ない学生に対してどうしているかというと、それは見捨てているんじゃないかな。だから結構、冷たいかもしれません。

――冷たい、ですか。

来ない人はしょうがない、という感じ。ただし、来てくれれば、なんだか変なことを言っていても、何かひとつくらいは見どころが探せるんじゃないかと思って話を聞く。相当退屈な話でも、とりあえず聞いて、その中からどこかひとつでも、自分でもやってみたいなと思う点を探す、ということですかね。

そのもとはなんだったかというと、僕が早稲田で助手になったときに、前に話したかもしれないけど、安東勝男先生が『君もこれから大学の助手になるんだから、学生が製図のエスキスで相談に来たら、その場で一案つくれるようになりなさい』と言われて、一案つくるためには、藪から棒に提案するわけにはいかないから、朧げながらも本人が何をやりたいかを聞く。聞いているうちにほとんど眠くなるんだけど、『それなら、ここのところはいけるんじゃないか』というところを、まぁ、探すんですよね。本人はきょとんとしているんだけど、『こんなふうにしたらどうか』とか『僕ならこうするかもな』ということの繰り返しでやってきている。だから、一人ひとりの能力というか、来たやつの能力は引き出したいと思ってやってますかね。来てくれないと、どうにもできない。

——早稲田大学に着任されたばかりの頃は、いかがでしたか。

最初の頃は、「古谷さんという人が急にやって来た」という感じ。穂積先生の研究室で残っていた学生がいて、そのうち僕が選抜した学生が入ってくるんだけど、四、五年の間は、ストレンジャーという感じで、向こうも様子をみていた。早稲田の学生は、近畿大学（前任校）に比べると、プライドもあって、『こんなやつの言うことなんか聞かないぞ』という顔つきをしている猛者がけっこういました。それが氷解したのは、メディアテークと横浜大さん橋のコンペが大きかったですかね。穂積先生とはだいぶ様子が違ったみたいで、歳も近いし、一緒に徹夜してやっているし。それで、向こうも見どころがあると思ったんじゃないかな。少しずつ近寄ってくるやつが出てきて、それに答え始めた、という感じですかね。

——スターアーキテクトがやってきた、という感じではなかったのですね。

そういう感じではなかったですね。学生の間では。もっと華々しいのがあの時代にはいっぱいいましたから。アモルフの竹山（聖）とかね。隈（研吾）はあの頃はまだいまほどではなかったんだけど。妹島（和世）さんもすでに頭角を現していたしね。

――学生への教育で、こだわっている点はありますか。

うーん……。あぁ、思い出しました。強いて言えばね、これを言うとまた不思議な感じになっちゃうんだけど、僕が小学校のときの校長先生、金沢嘉市《かなざわかいち》先生というんだけど、当時の小学校教育界では有名なカリスマでした。先生の名セリフが「人間にくずはない」、同じ題名の本▼1も出ています。戦後、昭和二〇年代、三〇年代には、闇市で悪いことをするようなこどもがたくさんいた。あの頃の不良はいまよりもずっと悪くて、先輩たちがやくざの手前とか。しかも三宿小学校は近くに朝鮮学校があって、喧嘩もしょっちゅうあって荒んでいた。小学校に来なかったり、来ても乱暴ばかり。そういうこどもたちに対して、それでも「人間にくずはない」と言った。

見るからに優しい先生ではなくて、相当厳しい先生なんですけどね。紳士ではあるけれど、上背があって大柄で迫力のある凄まじい先生でしたね。よい先生です。その先生には影響を受けていますね。明らかに。

僕は別に不良じゃなかったし、成績も悪くなかったから、問題児じゃなかったはずだけど、金沢先生はよく僕の話に付き合ってくれました。僕がませていたからかもしれない。

金沢先生のスタンスは、不良をつまみあげて「おまえもくずじゃないんだから」と言って、本人にさせるわけですよ。結局、いくらまわりが仕向けようとしても、本人がその気にならない限り、できない。本人がその気になるためには、否定したんじゃだめで、『おまえにも何かひとつくらいよいところがあるはずだ、まったくのくずはいないはずだ』と言ってやっていたんだと思うんです。僕はこどもの頃に接していたから、そこまで深く理解していなかったけど、いまにして思えばね。

建築教育も同じで、本人がやる気にならない限り、いくら教えたって絶対にうまくなりませんから、原理としてはそれと同じ。

——近年、プロフェッサーアーキテクトが増えていることに対して、どのように思われますか。

プロフェッサーアーキテクトが一定数、定着するのは、僕はよいことだと思います。建築学科なのに実際に設計をしたことがない先生しかいないというのは、ちょっと寂しい。料理をつくったことのないシェフから料理を習うというのはありえないわけで、レシピ本だけからでは学べない。教科書だけで建築を教えるのは、どこか歪みがある。

古くは学生運動の頃を境に兼職が厳しくなり、大学から実践的な建築家が減っていった事実があります。それより前は、丹下健三にしても他の建築家にしても、研究室で設計しているようなものだったし、早稲田もみんなそうだったけど、大学で設計することが否定されていた時代があって、いまに及んだ。それで失われたものは、建築の設計に関していえば大きい。

早稲田では、安東〔勝男〕先生は研究室で設計していて、なけなしの設計料をもらうとパーっとみんなで飲んじゃえみたいな感じで、学生に人件費を払ったりはしなかった。池原〔義郎〕先生もそれに近かった。研究室に高価な洋書の版画集とかがあって、研究室共同の利益になるようにして、個人の利益とはちがうことをやろうとしていた。でも、昨今は学生も権利を主張するようになり、先生も神経を使うようになり、そういう神経を使うくらいなら、別にしておいた方がよいと考える人も多いですね。

――海外の状況はいかがでしょうか。

ベルギーの自由大学で座談会をしたときに驚いたんだけど、設計を教えている先生が自分の作品を学生に見せたことがないと言っていました。つまり、そこは線を引いておかないといけなくて、自分の作品を見せるのではなく、設計というものを教えるというスタンスでした。そうなると、どういう建築を設計する先生かわからないから、学生もその先生を信頼してよいかどうかわからない。歯車が噛み合っていないところがあると僕は思う。自分の作品を見せて、学生からの批評もあって、そういう中で意見交換していけるような環境があってよいと思っています。

――自分自身の設計と学生への教育の関係について、考える必要があるということですね。

僕は助手の頃から、ずっと大学にいて、ずっとデザインをやってきた。ずっと二足の草鞋を履いてきた。

最近、増えている先生たちは、建築家として名前が出てから大学に呼ばれて先生になっている人が多いので、教育者としての面でスキルが足りないかなと思うことがありますね。意識としては、建築家であることの方が先で、教育のプロというわけではない。その両方を求めるのがそもそも難しく、矛盾しているのかもしれないけれど。

ゴルフでいうと、レッスンプロとトーナメントプロがいますよね。トーナメントプロが一番、脂が乗っているときに、常勤でレッス

インタビュー風景。長時間に渡っても、失礼にあたるような質問をしても、おもしろい話がどんどん出てくる。古谷が唯一答えに窮したのは「なぜ、古谷研はこんなに本気で遊ぶのですか」という素朴な質問に対して。

ンを行うことはないわけで。それを建築家ができなくても当然なのかもしれないけど。

ただ、考えた方がよいと思うのは、外で評価されたり、人に知られたりしている建築家が、学生を教えることにおいてプロフェッショナルであるかどうかということ。プロである必要はないけれど、プロではないとしたら、何をアドバイスすべきか、そのへんを混同しない方がよいかな、と思うことはありますね。

むしろ、講評会の最後に三〇分だけやってきて、ある種のインパクトを残していくとか。へんに手取り足取りやってくれちゃ迷惑だということもあるかもしれない。若いプロフェッサーアーキテクトの人たちは、真面目で熱心なんですよ。すごい熱心に教えるんだけど、大丈夫かなとちょっと心配。

――その心配は、具体的にはどのようなことでしょうか。

熱心に教えて学生に夢を見させるのは大事なんだけど、それが学生本人にとって幸せかどうかはわからない。建築家としてやっていくのは、やはり大変なことなので、明らかに向いていない学生には引導を渡すことも必要です。そういうことを、石山（修武）さんとか、宮崎（浩）さんとかはやっていました。「おまえ、やめた方がいいよ」とか言ってね。それも、講評会で選ばれるような学生に対して、「そういう説明をするようでは、建築は向いていない」と言ったり。それで実際に転科した学生もいました。まちがった方向でがんばることはない。でも、ここで大事なのは、「おまえにしかできないことが必ずある」と伝えることです。

――他に読者に伝えたいことはありますか。

相当しゃべったから、大丈夫。

古谷誠章へのロングインタビューは、以下の日程で実施した。
第1回　2022年7月26日　16〜19時
第2回　2022年9月6日　15〜18時
第3回　2023年1月24日　10〜12時
ここでは第3回の一部を抜粋して掲載した。

Chapter 4

古谷誠章の輪郭

森でひとりたたずむ古谷。

1 — イッセイミヤケ

服を家を宇宙を重ね着

いつも古谷は着心地のよさそうな服を着ている。ル・コルビュジエのような蝶ネクタイにタキシードから、海水パンツにビーチサンダルまで、フォーマルもカジュアルも着こなす。これほど極端に振れた例を出さなくても、ふだんづかいの帽子、眼鏡、ジャケット、シャツ、ストール、腕時計、靴など、どれも身体になじんでいるように見える。ファッションにこだわりがある建築家は多いので、古谷もそのひとりだろうくらいに思っていたけれど、「建築意匠と歴史」の第一回講義を聴講して理解できた。古谷にとって、ファッションは建築の一部だ。

この講義では、古谷がスケッチしている様子を上から撮影した動画が配信された。古谷は、最初に人間を描き、体、皮膚、服、部屋、家、庭、街、都市、自然、大気圏、宇宙へと広げていった。スケールの拡大に合わせて、ファッションデザイン、インテリアデザイン、建築デザイン、ランドスケープデザイン、地球環境のデザインとキャプションが次々に現れてくる。最後に「私たちは、服を、家を、宇宙を重ね着している」という文章が現れ、「すべてのデザインはつながっている」と総括した。ファッションにも古谷を理解する手がかりがありそうだ。

三宅一生との縁

古谷はイッセイミヤケを好んで着る。ソーシャルメディアのプロフィール写真でも、イッセイミヤケのジャケットを身にまとっている。このジャケットには特別なエピソードがある。古谷が設計した住宅「鶯庵《おうあん》」のクライアントである曽根美知江からプレゼントされたのだ。

曽根はファッションデザイナーで、文化服装学院の教授を長年勤めた後、終の住処として古谷に住宅の設計を依頼した。古谷に依頼したきっかけは、茅野市民館だという。一万平方メートルを超える茅野市民館を見て、一〇〇平方メートル足らずの住宅の設計を依頼しようとはなかなか思いつかないように感じるけれど、曽根は「感覚的に私の好きな世界だ」[1]と思ったというから、デザインに携わる者同士で共感するところがあったのだろう。

あるとき、「よろしかったら、差し上げたいわ」と曽根が古谷にジャケットを差し出した。イッセイミヤケが初めてオム（男性用）で手がけたプリーツ加工のジャケットで、三宅一生から曽根に贈られたものだ。古谷は曽根が暮らすのにふさわしい建築を設計し、曽根は古谷がまとうのにふさわしい衣服を選んでプレゼントした。

三宅一生と古谷は、二〇一一年の国際建築家連合（UIA）の東京大会で出会っている。古谷は学術委員長として、基調講演者のひとりであるブータンのジグメ・ティンレー首相（当時）を案内していた。ティンレー首相がイッセイミヤケの大ファンと知り、古谷は開会式の舞台袖で三宅と引き合わせた。三宅はブータンの民族衣装に興味があり、ティンレー首相に展覧会の招待券を贈って、縁がつながっていった。

プリーツ・プリーズ（PLEATS PLEASE）とユニバーサルデザイン

曽根から古谷へ贈られたジャケットは、イッセイミヤケの代表作のひとつ、プリーツ・プリーズ（PLEATS PLEASE）の先駆けだ。プリーツ・プリーズは、生地を服の形に裁断縫製した後にプリーツ加工した衣服で、建築家では、ザハ・ハディドが愛用していたことで知られている。

インタビューの際、古谷はプリーツ・プリーズと思いがけないものを結びつけた。

「プリーツ・プリーズは、ある種のユニバーサルデザインといえます」

ユニバーサルデザインとは、「全ての年齢や能力の人々に対し、可能な限り最大限に使いやすい製品や環境のデザイン」と定義される。▼2 ユニバーサルデザインは、都市、建築、プロダクトに関わるデザインだという先入観があったせいか、古谷がファッションとつなげて語るのを聞き、一瞬、戸惑った。けれども、「すべてのデザインはつながっている」という古谷にとっては、ひと続きの自然な流れなのだろう。

なぜ、プリーツ・プリーズがユニバーサルデザインといえるのか。古谷はこう説明した。

「プリーツ・プリーズは、着る人を選ばない。例えば、ザハ・ハディドのようなオーラがある人だけでなく、誰が着てもサマになります。若い人も年齢を重ねた人も、痩せた人も太った人も、一人ひとりちがうかたちになり、着ると個性が出てくるんです」

エイポック（A-POC）とワークショップ

もうひとつ、イッセイミヤケで「あれは画期的」と古谷が賞賛するブランドがある。一九九八年に発表されたエイポック（A-POC）だ。イッセイミヤケの服づくりのコンセプトである「一枚の布（A Piece Of Cloth）」の頭文字と「新しい時代」を意味するエポック（Epoch）から名前づけられた。エイポックでは、一本の糸から一体成形されたチューブ状の生地を切り出すと服が現れる。生地は無縫製ニットで、どこを裁断しても切り口がほつれにくい。だから、着る人が自由に切り出して自分好みにカスタマイズできる。つまり、着る人が服づくりのプロセスに参加できる。

インタビューで古谷はここまで語った。古谷がエイポックを取り上げた理由を、私はすぐには理解できなかった。実験的なブランドなので、着心地がよさそうには見えない。古谷を惹きつける要素があるようには思えない。

ところで、三宅一生と藤原大によるエイポックは二〇〇七年に休止し、現在、流通しているのは、二〇二一年に宮前義之がエイポックエイブル（A-POC ABLE）として再始動したリアルクローズだ。そこで、当初のエイポックが掲載された展覧会の公式カタログ[▼3]を眺めながら、以下の仮説を立てた。

古谷は公共建築を設計するときにワークショップを行う。古谷のワークショップでは、地域の方々やこどもたちが設計プロセスを追体験し、建物が竣工する頃には隅々まで熟知して、自分が設計したかのように案内できるようになる。これは、エイポックの「着る人が服づくりのプロセスに参画できる」と共通する。だから、古谷はエイポックに共感するのではないか。さらに仮説を進めると、エイポックのチューブ状の生地には、服だけでなく帽子や手袋などの小物も編み込まれるので、生地の無駄が少ない。また、糸から服をダイレクトにつくる生産プロセスは、物流コストを減らし、二酸化炭素排出量を削減する。だから、日ごろから建築家として脱炭素化に取り組み、教育者として学生にその重要性を伝えている古谷がエイポックを高く評価するのも納得できる。こんな深読みの仮説を、古谷は「単純に好きなだけ」と笑い飛ばしそうだけれど。

ギャルソンの生地

ここまで、イッセイミヤケを取り上げてきたが、建築家が愛用するブランドとしてよく知られているのは、川久保玲のコムデギャルソンだろう。インタビューの途中で助手の宮嶋が、「建築家の先生方は、けっこうギャルソンのパンツが被っていることがありますよね」とつぶやいたように、多くの建築家がギャルソンを身につけている。

かつて竹山聖が「川久保玲のコム・デ・ギャルソン」[4]という文章を発表したように、建築家はギャルソンというイメージが広まっている。暮れのあいさつと誕生日のプレゼントに、妹島和世が伊東豊雄にギャルソンのシャツを贈っているらしいと書籍[5]に記され、なおさらそのイメージは強くなった。

そこで、ギャルソンについてどう思っているのか古谷に尋ねた。古谷はやっぱりイッセイミヤケを引き合いに出して、「川久保玲は、布自体に個性がある。こぶがあったりとかね。それもよいとは思うけれど、一生さんは、後でプリーツ加工したりはするけれど、最初の布には極端なものはない。そこからつくり始めるというところがおもしろいなぁ」と答えた。

しばし沈黙した後、「そういえば、これは最後に出ていたTシャツだな……」と言いながら、身体に馴染んで着心地のよさそうなイッセイミヤケのTシャツの左胸のあたりを、右の手のひらでゆっくり撫でた。

ボルドーのホルダー芯

ファッションの範疇に入れるには少し隔たりがあるけれど、古谷が愛用しているホルダーに触れたい。ホルダーとは製図用の筆記用具で、鉛筆の芯の部分とまわりの木の部分が別々のパーツになっているものを想像するとわかりやすいだろう。芯は、濃さや色にバリエーションがある。もっとも最近ではコンピュータ（CAD）で設計するせいか、ホルダーの需要が減り、生産中止となった色も少なくない。

古谷が使用しているホルダー芯は、ステッドラーのボルドー（濃い燕脂色）だ。スイスから帰国して以来、ずっと愛用している。あるとき、一グロス（一二本入り一二ダース）購入したら「これが最後です」と言われた。ボルドーのホルダー芯も、生産中止となってしまったのだ。

「これを使い切ったら、僕の寿命も尽きると思っていたけれど、まだあるから、相当、使い出がある」と言って笑う。

古谷がボルドーのホルダーで描いたプロポーザルの敷地周辺図。住宅や道路に加え、海や森も丁寧に描き込む。

ボルドーのスケッチは古谷の定番で、二〇一四年に小布施町立図書館で古谷のスケッチだけの展覧会を開催したこともある。その一部は、現在、額縁に入れられ、古谷の研究室に飾られている。また、二〇一九年に自邸Zig Houseで展覧会を開催したときには、古谷のスケッチが印刷されたポストカードの束を来場者にプレゼントした。額縁のスケッチもポストカードのスケッチも、そのまわりにぼんやりと温かい空気を生み出している。これが黒や青で描かれていたら、まったくちがう印象になるだろう。

なぜ、ボルドーを好むのか、と質問したところ、「うーん。単純にこういう色が好きなんですよ。ワインレッドとか、臙脂色とか……」と答えた。もう一歩踏み込んで、ワイン好きと関係がありそうだけれど、と粘ってみたが、「……関係があるかもしれませんね」と濁された。しつこく聞いて、困らせたようだ。

もうひとつ、古谷が好んで使う色がある。日塗工（日本塗料工業会）色見本の九五-九〇B。通称、白ピンクだ。茅野市民館の外壁などに使われている。

「白ピンクだけだと、ほとんど白で、なんだかピンクっぽいかな、という感じだけど、白と組み合わせて使うと、すごく効果的で白ピンクが引き立つんですよ。華やかで、柔らかな感じ。そこが気に入っています」と説明した。

私が理由を深掘りする前に、古谷は言葉を続けた。

「僕は水彩でドローイングを描いていたくらいだったから、微妙な色合いが好きなんです。それがずっと続いているんですね」

2 — 食いしん坊

風土はフード

月影小学校を四大学四研究室で改修するにあたり、「古谷さんは食いしん坊だから、厨房とダイニングルームがある一階の担当ね」と決まったように（一章三節）、古谷は食いしん坊として知られている。おいしいものをおいしそうにみんなで食べる。それも、かなりの量を食べる。

私が師事した仙田満は、食事に時間をかけるよりも、ずっと設計や研究をしていたい人で、大学では秘書が買ってきたおにぎりをさっと食べてすますことが多かった。事務所がある麻布十番の高級な店で食事をともにすることもあったけれど、いつも考えごとをしている様子で、食には関心がなさそうだった。地方や海外の出張にも同行したが、現場の様子や仙田の言葉はすぐに思い浮かぶけれど、食の思い出はほとんどない。だから、古谷が食を大切にするのが私には新鮮だった。

古谷研メンバーとの食事を思い出すと、西浦（愛知県蒲郡市）の鰻、海鮮、深夜に町の中華料理屋さんで食べた麻婆麺も本格的だった。小布施（長野県上高井郡）の「蔵部」のイワナの炊き込みご飯、氷見（富山県氷見市）の「魚市場食堂」の海鮮丼と漁師汁など、きりがない。

食について、古谷が駄洒落まじりで言うキーフレーズがある。

「風土はフード。つまり、『風土』を知るには、その土地の『フード』を食べるのが一番」

先に例として挙げた西浦、小布施、氷見には、いずれも古谷研やNASCAが手がける建築やプロジェクトがある。食を楽しみ、風土を知る。一石二鳥だ。

日本や海外で、とくに言葉が通じにくいような地方での実体験から、その地域の人たちと仲良くなるための手っ取り早い方法として、古谷は次のように学生に教えている。

「その土地の人が自慢だと思っている食べ物。その名前をちゃんと発音できるように覚えて、本当においしいと思ったら『あれはおいしいね』と最初に言うといいよ。そう言われて嫌だと思う人はいないから。だけど、本当においしいと思っていないとだめなんだ。思っていないのに言うと、翌日から山ほどそれを食べさせられる。うっかりしたことは言わない方がいい。毎日食べさせられてもいいほどおいしいと思えるものを『おいしい』というと、ぐっと近づくことができるんだよ」

その土地の食べ物は、風土に合っている。風土が長年培ってきた土壌、気候、習慣などにふさわしい食べ物だ。その土地でつくられるので、供給にも無理がない。代々工夫されてきているので、洗練された蓄積もある。おいしいに決まっている。ただ、味覚的に自分が好きかどうかは別問題だ、と古谷は解説した。本当に「おいしい」と思ったときに、「おいしい」という。シンプルな方法だ。

朴葉寿司とへぼめし

「風土はフード」の具体例を尋ねたところ、古谷はしばらく思案したのちに、こう答えた。

「美濃加茂《みのかも》で食べた地元のおばちゃんたちがつくってくれた料理ですね。朴葉《ほうば》寿司は、青い葉っぱで包むんです。朴葉味噌は茶色い朴の葉を使うけれど。あと、そのときの旬の具材でつくる山菜料理とか、おいしかったですね」

青色と茶色の葉の違いが気になって調べると、美濃加茂の朴葉寿司は初夏の風物料理だとわかった。夏の暑さで腐ってしまわないように、酢飯を使い、殺菌効果のある朴の葉で包む。だから、青々とした夏の葉っぱを使うことになる。一方、朴葉味噌の発祥の地といわれる飛騨・高山は、冬の寒さが厳しく食材が凍るほどで、朴の葉の上に味噌を載せて囲炉裏の火で温めながら食べたという。だから、秋になり、落葉した後の茶色の葉を使う。

美濃加茂では「へぼめし」もご馳走になった、と古谷はもうひとつ例を挙げた。「へぼ」は蜂の子で、その炊き込みご飯だ。味つけは醤油、そこに蜂蜜も入れる。蜂の子と蜂蜜の組み合わせは、おいしいに決まっている。ただ、蜂の子はクロスズメバチの幼虫、つまり、色は黒。さらに、柔らかい幼虫だけでなく、羽化した成虫も混ざっている。見た目はかなりグロテスクだ。だけど古谷は、「ちょっとモシャモシャするんですけど、おいしい。考えてみれば、桜海老ぐらいの感じじゃないかな」という。

話を聞いて、へぼめしを食べてみたい気持ちになったけれど、画像検索すると食欲をそそるとは言い難いイメージで溢れている。きっと、地元で食べたらおいしいのだろう。

サラゴサのコチニーリョ

ひとしきり、朴葉寿司とへぼめしの話で盛り上がったところ、「話していたら、だんだん思い出してきた」と海外の例も挙げてくれた。

国際会議に招待されて、スペインのサラゴサを訪れたときのことだ。マドリードに着き、タクシーで移動しているときに、「明日、サラゴサに行く」と話したら、運転手からある料理を勧められた。

「サラゴサに行ったら、コチニーリョを食べたらいいよ」

コチニーリョという語感がおもしろかったから、という理由でその名前を覚えていた古谷は、翌日、サラゴサに着いて、国際会議のホストの大学の先生たちに「コチニーリョを食べたい」とリクエストした。先方はものすごく喜んで、「実はちゃんと用意してある」と応じ、コチニーリョがおいしい店に古谷たちを連れて行った。

コチニーリョは、生まれたての子豚の丸焼きだ。これをお皿でカンカンと切り分ける。お皿で切り分けられるくらい柔らかい。まず、背骨に沿って切り離し、脚と頭を切り分け、六等分してみんなで食べる。ひとりで食べ切るものではないというのが大事なところで、食べ物をシェアするという体験によって親密さが増す。

左上：食事の様子（美濃加茂）、右上：季節の具材でつくる山菜料理（美濃加茂）、中左：はちのこ（美濃加茂）、中右：朴葉寿司（美濃加茂）、左下：みかん（蒲郡）、右下：アカザエビ（蒲郡）

蒲郡のみかん

古谷は、「風土のフード」をワークショップでも活用する。蒲郡市西浦地区・学校複合施設プロポーザル（三章二節）は、その後、市民ワークショップのフェーズへと進んでいた。その準備のためのミーティングで、古谷は学生に「アイスブレイクとして何かこまごまとやるよりも、一緒に食べるのが一番。なごむというレベルではないくらい打ち解けられる」と解説した。さらに、「アイスブレイクという言葉を使わないようにしている」と補足した。参加者が「俺たちはアイスなんだ、これからブレイクされちゃうんだ」と思ってしまうのを避けたいという配慮だ。

このワークショップには、早稲田大学古谷研究室の学生だけでなく、東洋大学仲研究室の学生もファシリテーターとして参加した。ワークショップに慣れていない学生のために、古谷は目的や方法を解説する機会を設けた。「フードは風土」からは少し話が逸れるけれど、あまり公開されることがない内容なので、ここに記しておきたい。

「ワークショップで大事なことは『体験』です。建物ができあがる前は簡単には空間を想像できないので、あらかじめ体験してもらう必要があるんだけど、これが、将来、建物を使いこなしてもらう素地をつくる予行演習にもなります」

古谷は、大事なことを冒頭に伝えた。次に、ファシリテーターの心得を二つ伝授した。

「一つめは、参加者に大きな声で挨拶すること。得体の知れない人物がぼーっと突っ立っていたらだめ。大きな声で『こんにちは』と挨拶してお迎えしてください。二つめは、グループに分かれて自己紹介するときが大事なタイミングで、自分がどういう人として覚えてもらいたいか、ちゃんと伝わるように練習しておくこと。そのときに、出身地を伝えるのはかなり有効なので、練習しておいてください」

ワークショップ当日は、「つやつやとしたおいしそうな蒲郡みかんを用意しよう」という古谷の号令のもと、NASCA設計室長の杉下が蒲郡市内を車で走りまわり、なんとか調達した。実は、蒲郡ではあまりみかんが売られていなかった。売られていたとしても三ヶ日みかんなど他の地域のみかんが置かれていることが多く、蒲郡みかんを手に入れるのは、予想外に難しいことだった。でも、この経験が地元の方々との会話のきっかけになり、地域の風習を知る手がかりになる。地元では、自分でみかんを育てたり、大量にもらったりするので、スーパーで購入することはほとんどない。そんなことを、蒲郡みかんを一緒に食べながら、地元の方々から伺った。

最後に、ワークショップ終了後の対応についても触れておきたい。私は、ワークショップは振り返りに価値があると考えているけれど、当日の盛り上がりは気にしても、振り返りはなおざりにする人もいる。古谷はどうするのか気になっていた。

NASCAの小坂から作戦会議をしたいと連絡があり、仲研の学生を引き連れて会議に向かった。古谷は、事前に学生がまとめた意見集約シートをもとに、住民の意見を一つひとつ取り上げて、プランにどう反映させるかを検討した。矛盾する意見は両立させる方法を探った。これは、「穂積先生のゼロ戦理論」と古谷が呼ぶ手法だ。その内容は古谷の著書▼6に詳しいので、興味がある方は参照されたい。シートに記載された意見だけでもたくさんあるのに、「ここに書き漏らした意見があったら教えてください」と古谷は学生に尋ねて掬い上げ、すべての意見を検討し終えたら、数時間が過ぎ、あたりは暗くなっていた。「では、食事を」ということになり、新大久保の韓国料理屋へ行き、いつものようにたくさん食べて呑んだ。

ワークショップはガス抜きだとか、アリバイづくりだとか、そんな批判がある。実際、そういう事例を見聞きすることもある。でも、古谷のワークショップはちがった。おざなりにすることはないだろうとは思っていたけれど、こんなに丁寧に一つひとつの意見を取り上げるとは予想を超えていた。でも今回はたまたまかもしれない、最終的には意見を聞かずにやりたいようにやるのかもしれない、注意深く観察を続けよう、と酔った頭で私は考えを巡らせた。

メニューがブリンク

初めて古谷研メンバーと私が食事をともにしたのは、四月早々のことだった。第一回研究室ミーティングの後に、歓迎会をしてくれた。助手の宮嶋が手配した高田馬場の店は古谷研の行きつけのようで、店員が次々と親しげに挨拶しに来た。

メニューを開き、「出汁巻きを二つ、ホタルイカを二つ、牡蠣を食べる人は……、はい、六つね。それから、春巻きを二つ、エイヒレも二つ……」と注文したのは古谷だった。研究室のボスみずからが注文することに内心驚いた。食べてみると、どれもこれもみんなおいしい。そのときは、行きつけの店で好みのものをよく知っているからだろうと思っていた。けれども、その後、何度も一緒に食事する機会があったが、地方でも都内でも、みんなで料理を取り分けるようなときにオーダーするのはいつも古谷で、どれもみんなおいしかった。

どうしてこんなにおいしい料理ばかり選べるのかと私はずっと疑問に思っていた。その手がかりをつかんだのは、森が学校計画産学共同研究会（三章一節）での活動成果を国際学会で発表した後の打上げでのことだ。当初、国際学会はポルトガルのリスボンで開催される予定だったが、コロナウイルス感染拡大防止のためオンライン開催になった。現地には行けなかったけれど、せめて地元の料理を楽しもうと都内のポルトガル料理店を訪れた。[7]

いつもどおり、古谷が次々と注文する。これまで見たこともないような料理が並び、味を想像しにくかったけれど、食べてみるとどれもおいしい。この機会に、どうしていつもこんなにおいしい料理ばかり選べるのか、率直に聞いてみた。

「メニューがブリンクする感じ」と古谷は即座に答え、右手の五本の指をパッと開いたり閉じたりして、まばたきする様子を表現した。ブリンク（blink）とは、まばたきを意味する。メニューがブリンクするとは、いったいどういうことだろう。

「その部分だけチカチカ光って見える、というか、なんとも説明しがたいんだけど、そこに目が止まる。イタリアの片田舎で、なんて書いてあるのかわからないメニューを見ても、だいたいおいしいものにありつけます」

学生のレジュメから気になるキーワードを見つけ出すのも（二章一節）、敷地調査で何か重要な関連がありそうなものを発見するのも（三章二節）、この「メニューがブリンクする感じ」と同じ仕組みで、重要なポイントがチカチカ光るという。

「僕はみんな同じやり方でやっている。しょせん、そういうことでしかできないんだな……」

母のしめ鯖

食通の背景には裕福な家庭環境があるのではないかと私は予想していた。自邸Zig House/Zag Houseは世田谷にあり、広大な敷地面積を有するからだ。ところが、予想に反して「うちは概して貧乏でした。父は三交代勤務のエンジニアで、ほとんど家にいなかったので、もっぱら、母がやりくりした食事を食べていました」と古谷は言う。

とはいえ、「母がやりくりした食事」が並大抵のものではない。古谷の母は駿河湾に近い富士の地主の娘で、刺身好きの目利きだった。魚は自分の目で見て調理法を選択した。例えば、新鮮な鯖を手に入れたときには、「この状態なら、焼いて食べたらもったいない。しめ鯖にしよう」と、みずからの手で締めた。「鯖の生き腐れ」と言われるように、鯖は足が早い。鮮度を見極める目をもっていなければ、しめ鯖はつくれない。

「うちの食卓にあがっていたのは、だいたい安いもので、イカとかクジラとか、マグロはあまり買えないけれど。でも、工夫されたものを食べていました」と振り返る。

高校生、大学生の頃は、お金がないので、ふんだんには食べられないけれど、食に無関心ではなかった。その後、スイスのマリオ・ボッタ事務所で修行し、イタリア中を旅行して、本格的にイタリア料理に接するようになったことが古谷に影響を与えた。

「イタリア料理は、ぜいたくなものではなく、その地域、その季節にあった材料を素朴に料理する。フランス料理のように手をかけないで、わりあい単純に素材のおいしさで食べるんですけど、それは僕の性《しょう》に合っていました」

バジルからジェノベーゼを

マリオ・ボッタ自身は、食にまったく関心がないという。事務所は、午前は八時から一二時の四時間、午後は二時から六時の四時間とスイスの時計のように正確で、昼はめいめいで食べる。午前一〇時と午後四時に事務所の下にあるバールでコーヒーをパッと飲む習慣があり、そこで一言二言、会話を交わす。たまに誰かが出張先で買ったパルメザンのチーズをあてに、夕方六時以降にちょっと一杯飲んで帰ることもあるけれど、みんなでそろって食事をするのはクリスマスくらいだったという。

古谷が渡欧した最初のクリスマスには、マリオ・ボッタが一軒家のレストランを貸し切って、ご馳走してくれた。そのときのエピソードが、食に無関心なマリオ・ボッタの様子を象徴している。

「パスタが出てきたときに、マリオが『これ、なんだ?』と聞いてきたので、僕は正面に座っていたから、『ピッツォッケリじゃないですか』と答えたら、まわりのみんなが『なんだマリオ、知らないの?スイスに来たばかりの日本人から何を教わっているんだ!』と呆れていました」

ただ、事務所の所員の中には食べることが好きな人もいた。ジェノバ出身の所員は、誕生日に古谷を招き、スパゲッティ・ジェノベーゼをご馳走してくれた。当時、スパゲッティ・ジェノベーゼは日本ではまだ見かけなかった。スパゲッティ・バジリコと呼んでいたものはあったけれど、バジルではなく、大葉を刻んだものが入っていたりした。ご馳走になったスパゲッティ・ジェノベーゼがものすごくおいしかったので、つくり方を尋ねると、「絶対にバジルから自分でつくらなきゃだめだ。スーパーで売っているペーストではおいしくないので買うな」とアドバイスされた。渡欧中の日本人にとって、バジルからつくるのはハードルが高い。結局、その味を再現できないまま、古谷は日本に帰って来た。

帰国後しばらくして、イタリアの輸入食品会社のワインリストを眺めていたら、リストの最後に「バジルの種」と記載されているのを見つけた。すぐに注文して、当時住んでいた広島のマンションの庭のプランターで育て、刈り取り、スパゲッティ・ジェノベーゼをつくった。とうとう、あの味を再現できた。最初にご馳走になってから三年ほど経っていた。以来、フレッシュバジルからつくるパスタは古谷家の定番になっている。

例年三月に行われるジグザグパーティ（卒業生を送る会）で、古谷の妻がつくる料理のひとつに、このスパゲッティ・ジェノベーゼがある。学生たちは毎年これを楽しみにしている。助手の宮嶋が、「取り分け役を買って出て、取り分けるふりをして自分の分を確保しています」というほどだ。

古谷研では、食に関するエピソードは尽きない。

3 ― 話好き

声が大きい

古谷の講演を私が初めて聞いたのは、建築学会主催のシンポジウムでの話題提供だった。「公共空間づくりに子どもたちが参加する」[8]と題して、古谷はアンパンマンミュージアムや中里村新庁舎などのワークショップを紹介した。関心があるテーマだったせいか、いまでもその内容を私は覚えている。古谷は、若い頃の写真を示して、「僕はいまよりも髪の毛がたくさんありますね」と会場を笑わせて盛り上げた後、「中里村新庁舎では、ずっとワークショップに参加していたこどもたちが、竣工後、大人たちを館内のすみずみまで案内できるほど建築を熟知するようになりました」と説明した。こどもたちの得意気な様子がありありと伝わってきて、話がうまい建築家だ、と印象に残った。

私はもともと人前で話すのが苦手で、でも、プレゼンテーションのスキルを身につけないと仕事にならないので、関連書籍を読んだり、トレーニングセッションに通ったりしてきた。古谷研に潜入する機会に、プレゼンテーションの秘策も盗みたいと思って観察していたけれど、古谷はいつも自然体だ。そこで、こどもの頃から人前で話すことが得意だったのかと質問した。「うーん……。声は大きかったです。みんなで騒いでいたはずなのに、『古谷くんの声は階段の下まで聞こえる』と、小学校の先生によく怒られました。あと、『横車を押す』とよく言われましたね。自分がこうだと思ったら、どうしても必要であるかのように言い続ける。屁理屈上手。それをプレゼンがうまいとは誰も言ってくれたことはない。迷惑がられました」

「声が大きい」は、プレゼンテーションの重要なポイントのひとつだ。私が受講したあるセッションでは、効果的なプレゼンテーションのポイントとして、「大きな声」「アイコンタクト」「ジェスチャー」の三点が挙げられた。これらのうち、「大きな声」で伝えることが最も重要で、受講者は大きな声を出すトレーニングから始めた。生来、声が小さい人には難しく、トレーニング中に泣き出す人もいたくらいだけれど、声が大きい古谷にはそんなトレーニングは必要ない。

二つめの「アイコンタクト」もクリアしている。古谷はいつも原稿を見ずに聴衆に語りかける。そもそも原稿をつくらない。「聞いてくれる人の顔を見ながらでないと話ができない。だから、事前に原稿をつくることはできないんです」というのがその理由だ。原稿をつくらないからといって、言葉をないがしろにしているわけではない。それは、助手の池田が、「古谷さんがよく言うことだけど」と断りを入れたうえで、学生に伝えている次の言葉に現れている。「『設計』には言偏が二つもある。つまり、設計するときには、それだけ言葉を大切にしなければならない」

三つめの「ジェスチャー」は、意識的かどうかわからないけれど、古谷はよく人差し指を立てる仕草をして聴衆の注意を引く。

古谷は自然体でやっているが、プレゼンテーションの原則に沿っている。このように分析すると、「なんか、こそばゆい。僕はただ、出たとこ勝負でやっているだけ」と古谷は笑う。

ちなみに、古谷はイタリア語を話す。海外研修前に二時間を二〇回、計四〇時間、イタリア語を教えてもらい、一年間滞在していただけなのに、今でも流暢に話す。語学は耳がよいと上達すると言われるので、歌が上手い古谷が語学に堪能なのは納得できると思っていたら、古谷は意外な持論を展開した。

「僕は話好きなんです。何としても話に加わりたくて何とか冗談を言ったりしているうちに、自然にしゃべれるようになったんです。設計には二つの言偏があるけど、『誠章』には三つめの言偏があるので……」

プロンプター——伝えるための全力の準備

自治体などからビデオメッセージを依頼されることも多い古谷には、悩ましいことがあった。古谷は原稿を用意しないが、ビデオメッセージの中で、大勢の関係者の氏名をまちがえずに伝える必要がある場合には、どうしても氏名を記したメモが必要になる。その際、手元のメモに目を向けるのはカッコわるいと感じていた。そこで、プロンプターを購入した。プロンプターとはディスプレイに原稿が表示されるもので、政治家が演説する際に使うような専門的な機器だ。私だったら、そんな高価な機器は買わずに、関係者の氏名を何度も唱えて記憶しようとするだろう。それでも覚えきれなくて撮り直したり、丸暗記しましたという不自然なメッセージになってしまいそうだ。そんな無駄な努力をするよりも、機器を活用する方がスマートだ。

プロポーザルのプレゼンテーションの本番前にステージをイメージしてひとり集中している

古谷の姿を目にしたことはあるけれど、何度も練習するという様子ではなかった。私は練習を重ねないとできないので、準備にあまり時間をかけない古谷を、才能がある人は余裕があっていいわね、と半ば妬ましく思っていた。とくに、同じステージに立つときに、そう感じていた。だけど、機器を備えることも準備の一環なのだとようやく理解できた。

このような古谷の姿勢に、助手の嵐は気づいていた。「自分は古谷さんに心酔しているわけではないんですけど」とはっきり言ってから、こう指摘した。

「古谷さんは伝えるために全力を注いであらゆる準備をしています。伝える姿勢を貫いているという点で、古谷さんは日本一だと思います」

ウェザーニュース式オンライン講義

古谷の講義動画は、これまでに見たことがない形式だった。ニュース番組で天気図の前に立つ解説者のように、古谷が前面に立ち、背後にあるスライドを指して解説しているのだ。

一般的に、講義動画はパワーポイントなどで作成したスライドをアプリで画面共有して、プレゼンターは画面に現れない、現れたとしても画面の隅の小さな四角い枠に収まっていることが多い。最近では、スライドを背景として設定して画面共有することで、プレゼンターがスライドの中に映り込む機能を用いた動画を見かけるようになった。だから、最初のうちは古谷の講義動画はこのスタイルかと思ってしばらく見ていた。でも、どうも様子がちがう。

スライドを背景にする場合は、プレゼンターがスライドに目を向けることはなく、正面を見

設計演習の録画の準備。ティーチング・アシスタントと助手の宮嶋が準備に立ち会い、ウェザーニュース方式で録画する。

続ける。スライドに記された箇所を指さすときも、正面を向いたまま、だいたいこのあたりという大まかな示し方になる。たいていプレゼンターの視線は泳ぎ、指したい箇所に指を向けるまでに何度か微調整してやり直すので、不自然に感じる。一方、古谷はスライドの方に振り向き、当該箇所をビシッと指し示す。いったい、どのような方法で録画しているのだろう。

種を明かすと、最初の印象のとおり、ニュース番組で天気図の前に立つ解説者のように、六〇インチの大画面フラットテレビにスライドを写し、その前に立って説明していたのだ。その様子をカメラで撮影する。そのとき、フラットテレビが画面のフレームにぴったり収まるようにアングルを決めるのがコツで、もちろん、水平垂直もきっちり定める。

この方法には発明者がいる。古谷研の卒業生であり、NASCAの元所員でもある三浦丈典だ。三浦の方法をソーシャルメディアで知った古谷は、さっそく真似をした。でも、一筋縄にはいかなかった。古谷の研究室の中央部に設置された木のフレームがフラットテレビのスクリーンに映り込んでしまったのだ。そこで、木のフレームに暗幕をかけて映り込まないようにしたそうだ。試行錯誤の過程でフラットテレビの背後の壁が映ってしまったときには、壁に黒い紙を貼って余白部分がブラックスクリーンに見えるようにしたこともある。これもずいぶんとアナログな方法だけれど、効果はあり、専門のスタジオで撮影されたかのような動画に仕上がっている。

よいと思ったことは、自分より若い人からも真似して学ぶ。そして、このあたりでよいだろうと妥協することなく、完成度を追求して進化させる。「そこまでするのか」と呆れるけれど、古谷は淡々とやっている。

ひとりも取り残さない

コンペのプレゼンテーションも大学の講義も、全力で準備するという点で、古谷にとっては等価のようだ。ある講義でひとりの学生が体調不良のためオンラインでの聴講を希望していた。基本的には対面の講義で、教室には一〇〇人くらい座っていた。このひとりの学生のために、古谷はハイブリッドのシステムを使った。正確に記すと、古谷がハイブリッドで配信すると決断し、助手の宮嶋が技術的なサポートをしていた。

二人のやりとりを遠くから眺めていると、画面共有に難航している様子だった。アプリをいくつか閉じたり、学内のシステムから出たり入ったり、パソコンを再起動したりして、ようやく画面が共有された。宮嶋がバトンのようにマイクを古谷に渡し、講義が始まった。

後で聞くと、古谷のパソコンで立ち上がっているアプリが多すぎて、スムーズに画面共有できなかったらしい。そもそも画面共有しなくても、カメラで教室の様子を撮影して配信できる環境が整っているので、ふつうに対面で講義すれば事足りるというのが宮嶋の意見だった。でも、システムで画面共有した方がオンラインの先にいる学生には鮮明なスライドを届けられる。だから、古谷は諦めずにこだわっていたのだろう。「たったひとりのために、教室にいる大勢の学生を待たせるなんて……」と、至極真っ当に宮嶋に諫められていたけれど。

自分のキャラクターに合っているか

古谷が他の人のプレゼンテーションを評価するのを聞いたことがある。シーラカンスが設立されたばかりの頃に小嶋一浩と小泉雅生が行ったプレゼンテーションを、次のように語った。

「小泉は立板に水を流すように流暢に説明するんだけど、そこで、小嶋が一言だけ合いの手を入れるんです。『ここ、トップライト』とか、『うん、開く』とか」

漫才のような雰囲気かと想像していたら、「大相撲ダイジェストの親方の解説のような感じ」と古谷は表現した。大相撲で流れるように勝負が決まってしまったときには、素人は勘所を見逃してしまうが、決まり手を教えてもらえれば、重要なポイントを理解しやすい。

自分のスタイルとは異なるけれど、他の人の秀でている点を的確に捉える。でも、自分に取り込もうと目論んでいる様子はない。

プレゼンテーションに限らず、古谷がときどき口にする言葉がある。

「僕ならこうするけど、この方法があなたのキャラクターに合っているかどうかはわからない」

逆に言えば、他の人のやり方でよいと思うものがあっても、自分に合っているかどうか、よく考えて取捨選択する。「学ぶことは真似ることから始まる」というけれど、なんでもかんでも真似ればよいわけではない。自分に合っているかどうかを見極める必要がある。

私は、これまでに書籍やトレーニングセッションでプレゼンテーションのスキルを学び、何度も練習してきたけれど、自分のキャラクターを意識したことはなかった。自分は、どのようなキャラクターなのだろう。そこから考え始めないといけないのか。プレゼンテーションの秘策は、簡単には手に入りそうもない。

4 ― 古谷さんが来れば大丈夫

フラットな関係

古谷研の学生は、「古谷先生」と呼ばずに、「古谷さん」と呼ぶ。初めて全員が顔を合わせる第一回研究室ミーティングで、「僕は『先生』と呼ばれるのは、あんまり好きではないので、『古谷さん』と呼んでほしい」と伝えたからだ。そこには、プロジェクトや委託研究などで外部の方々とやりとりする際に社会人として適切に振る舞えるように、という意図がある。つまり、「古谷先生に伝えます」ではなく、「古谷に伝えます」という言葉がスムーズに出てくるように配慮している。

たかが呼び方ではあるけれど、これがスターアーキテクトで最年長教授である古谷と学生の関係を近づける。とはいえ、やはり研究室のボスなので、ピラミッドの頂点にいることは否めない。ただ、古谷が頂点から降りてきて、学生との距離がぐっと縮まる瞬間がいくつかある。

まず、漫画『ONE PIECE』がある。これは、海賊王を夢見る主人公が仲間と冒険するストーリーで、ギネス世界記録に認定された発行部数を誇る。毎年、古谷は研究室メンバーが『ONE PIECE』のキャラクターだったら誰に該当するかをキャスティングしていた。最近では、研究室メンバーの人数が多くなり、また、『ONE PIECE』を知らない世代が増えてきたため、あまりやっていないけれど、学生との共通の話題としてうってつけだった。

そして、カラオケで女性アイドルグループAKB48の「恋するフォーチュンクッキー」を熱唱するらしい。学生は興奮状態で、みんなで大合唱になる。あまりに予想外なので、他のレパートリーを助手の池田に尋ねると、「ジュリー（沢田研二）も得意ですよ」という納得の答えが返ってきた。古谷の艶のある声に似合いそうだ。NASCAの八木は「ジュリーもいいけど、井上陽水もね」という。それも想像できる。

最後に、古谷が急にフレンドリーになる瞬間があると池田が教えてくれた。

「古谷さんは僕にはとくに興味はないです。ボスと助手の関係なので、それは自然なことです。だけど、何か引っかかることがあって興味をもつと、『池田はそういう感じなの？』と僕のところに降りてきて話してくれるときがあるんです。そういうときは、『お！』と思います」

池田は古谷に対してニュートラルな立場をとる。「僕は別に『古谷教』じゃないです」と言いながらも、古谷の言葉をよく覚えている。バランス感覚がよい人だと思う。その池田が古谷との距離が縮まる瞬間に心が動くというのが意外だったが、それだけにかえって、学生は古谷を近くに感じるとうれしいのだろうと想像できた。

死んだ魚の目

大学の研究室では、古谷が声を荒げて怒ることはない。卒論ゼミでも研究室ミーティングでも、あるいは、学生とプロジェクトに取り組むときにも、実に寛容だ。ミスやトラブル、つたない表現や失礼な振る舞いがあっても、古谷がいらだつ様子を見たことがない。もちろん、部外者の私に見せることはないだろうとは思うけれど、かなり古谷研に入り浸って、あれこれ聞いてまわっても、怒鳴ったとか激昂したとかいう話は出てこない。「ＮＡＳＣＡでは厳しい」「ときどき拗ねちゃう」と小耳に挟んだけれど、「それでこそ、人間」と逆に安心するほどだ。

怒らないとしたら、どのような対応をするのだろう。

助手の池田は、あるとき小さなミスをカバーしようとパニックになり、大きなミスを引き起こしてしまったことがある。その際、古谷は「あのね」と語りかける言葉から始まる文面のメールを池田に送り、どうすべきかを示した。メールには強い叱責の言葉はひとつもなかった。それが、かえってものすごく怖かった、と池田は言う。「メールが来てから謝りに行くまで、終始、比喩ではなく本当に冷や汗をかいて血の気がひいたことを鮮明に覚えています」と振り返る。

古谷との付き合いが長い助手の宮嶋は、「最近はほとんどないけど、昔は死んだ魚の目になってました」と語る。死んだ魚の目とは、呆れ果てて、サーッとシャッターが閉まるような感じらしい。そんな目をされたら、怒鳴られるよりもずっと怖くて震え上がってしまいそうだ。叱責の言葉がなく、かえって怖かったという池田の気持ちも少し想像できた。「最近はほとんどない」という背景を深掘りして尋ねると、「昔はもっと学生に興味があったからじゃないですかね」と、すぐには理解しがたい答えが返ってきた。心を閉ざして死んだ魚の目をしていたのは、昔は学生に関心があったから。いまは以前よりも関心を失っているので、そんな目をすることもない。なんだかよくわからない話だな、と思いながら私は宮嶋の言葉を聞いていた。

別の機会に、研究室の閉じ方について古谷が語るのを聞いた。穂積研究室では、最後の頃になると、学生とのプロジェクトもなく、穂積もほとんど学生と関わらなかったという。それは、学生の自主性を育てるためだった、と後に穂積は古谷に明かした。

いまから二年後の二〇二四年度末に、古谷は早稲田大学を退任する。

超人優等生の孤独

二〇二二年現在、古谷は建築学科の最年長教授で、計画系では二〇二一年度に六歳下の宮本佳明が着任するまでは、他の教員は七〇年代以降生まれで、古谷とは一五歳以上の年齢差があった。翻ってそれ以前は、一一歳上に石山修武、九歳上に入江正之がいて、最年少教授だった時期が長く続いた。つまり、同年代が身近にいない。年齢など関係ないと思う一方、年長者への敬意が遠慮や忖度に変わったり、年少者との価値観の相違などがあるとも思う。

また、いまどきの学生は賢く、おしなべて従順な傾向にある。経験も知識も圧倒的に多い古谷の指摘には、反論を試みることもなく、素直に従う。古谷にとっては、ものたりないと感じることもあるだろう。それどころか、対話に発展していかないので、寂しいのではないだろうか。ときに果敢に反論を試みる者がいても、古谷は人を説得する言葉をもっているので、すっかり納得させられてしまう。対話にならない寂しさは、古谷がみずからつくり上げてしまったようにも見える。

対外的には、学会長、学術委員長、審査員長などの要職に就き、責任ある仕事を任される。

設計の打合せでも、市民ワークショップでも、どこに行っても、話し上手で聞き上手と評され、人徳ある振る舞いを期待される。でもそこに、人知れぬ息苦しさがあってもおかしくはない。

助手の池田は、古谷を「超人優等生」と評した。芸術家肌の尖った建築家とは一線を画し、知識の量も範囲も膨大で、社会的常識もある。いわば優等生タイプだけれど、そこに超人がつく理由は、ふつうの優等生では到達できないほどのレベルに達しているからだという。こんなに出張してよく体力がもつものだ、なぜここまで続けられるんだろう、人並みではない、と池田は考える。優等生には優等生の苦悩がある。超人優等生ともなれば、なおさらだ。古谷は何も語らないし、その片鱗すら見せないけれど。

前向き力

二〇一四年から古谷と連名で研究室を運営する教授の藤井は、「古谷さんは、前向き力がすごい。私も前向きな方だけど、古谷さんはものすごい」という。前向き力とは、どのようなものだろう。「教員をやっているとめげることもあるし、そもそも建築にはトラブルがつきものだけど、古谷さんはいつもポジティブ」と藤井は補足する。確かに、古谷はコンペで負けても引きずらない。ある学生がコンペで入選したものの、一等には選ばれず、悔しい思いを抱えて、「古谷さんはどうやって気持ちを切り替えているのですか」とアドバイスを求めたことがあった。古谷はたった一言、「忘れる」と言った。終わったことは忘れて、前を向いてどんどん進んでいく。

ただ、古谷の強い推進力についていけず、置いていかれそうになる学生もいる。そういう学生には、藤井がフォローする。多忙で不在がちな古谷に代わり、できるだけ学生と近いところにいて聞き役になる。そして「できれば、古谷さんとはちがう見方を学生に提示したい。二人が同じことを指摘してもしょうがないから」と考えている。

一〇年近く古谷と一緒に研究室を運営してきたからこその指摘もあった。古谷の言葉を初めて聞く私には、一言一句が新鮮に響くので気づかなかった点だ。

「古谷さんは大事なことは繰り返し伝えるんです。しかも、毎回、初めて話すかのように話します。学生は入れ替わっていくので、大切なことは何度も伝える必要があるとはわかっていても、話す方が飽きてしまうことってありますよね。でも、古谷さんは、教育者として変えるべきところと変えるべきではないところを見極めています」

着任したばかりの頃は、藤井にも戸惑いがあった。「こんなに大人数の研究室で何か教えられるのだろうか」と不安に思っていた。「でも、そこが古谷研のすごいところで……」と藤井が切り出したのは、古谷研がずっと大事にしてきた縦のつながりだ。

「学生が学生を教えるんですよ。教えることが一番の学びになります。卒論ゼミでは、論文を書いた翌年に後輩に教える。この仕組みがうまく働いています」と説明した。

プロフェッサーアーキテクトである古谷の建築家や教育者としての側面ではなく、外部の役職についても言及した。古谷は、学会長などの要職を歴任している。それを権威主義だと苦々しく思う人もいなくはないだろう。コンペの審査員を引き受ければ友だちを失う、とも言われる。なにより、時間が奪われる。それでも、社会の中で建築家がどうあるべきかを考え、断ることもできたはずだけれど、使命として引き受けている。

「それはとても重要なことだと思います。古谷さんが誰から学んだのか、穂積先生なのか、吉阪先生なのか、わからないけれど」と藤井は語った。

晴れ男

古谷は晴れ男だ。どこに行っても、めったに雨に降られることがない。

徳之島での仕事が始まったばかりの頃、飛行機が離着陸できそうもないほどの台風に見舞われたことがあった。島の方々は「夕陽が沈む海岸でバーベキューをする準備をしていたのに」と残念がったけれど、たどり着くことさえ難しそうな天候で、みんなすっかり諦めていた。なんとか欠航にはならず、小さな飛行機で暴風に揺られながら徳之島へ着いた。島を半分ほどまわったところで雨が上がって薄日がさしはじめ、ついにバーベキューを完遂したことがある。

日本で最も雨の多い地帯として知られる奈良の大台ヶ原は、湿度が高く、霧に包まれ、苔が繁茂し、幻想的な風景を生み出している。古谷が初めて大台ヶ原を訪れたときは快晴で、めったに見られない尾鷲湾まで見えた。「こんなにはっきり見えることはないです」と役所の方々は驚いたが、二回目も、三回目も、何度訪れても、晴れる。雨の名所の独特の風景を見たいと期待して訪れても、その願いは叶わない。

コミュニティデザイナーの山崎亮との雨男・晴れ男対決は見ものだった。古谷がコンペで当選した北海道沼田町の「暮らしの安心センター あるくららす」の計画案を住民にお披露目するイベントで、住民ワークショップのファシリテーターを務めてくれた山崎と古谷が対談することになった。対談会場は屋外で、雨が降ったときのために、ステージ側と観客側にそれぞれテントが張られていた。天気予報は雨。予報どおり、当日は朝から雨が降り、本番が始まっても降り続いている。古谷が「僕は相当な晴れ男なので、上がると思うけどなぁ」というと、山崎は「僕は筋金入りの雨男なので、絶対にやまないと思いますよ」と応じる。山崎がマイクをもって話し始めると、どんどん雨足が強くなる。「ここでは山崎さんが上回っているのか、しょうがない、負けました」という雰囲気だったが、「では、古谷さん、どうぞ」とマイクを渡されて古谷が話し始めると、雨が上がってきた。小止みどころではなく、完全に上がってしまった。ところが、山崎にマイクを返すと、また降り出す。それが二、三回繰り返された。まわりのみんなもびっくりしていた。これが山崎と古谷の雨男・晴れ男対決。結果は引き分け、となった。

「古谷さんが来れば大丈夫」

現場で関係者がよく口にする言葉だ。奈良の上北山村役場の視察でも、建築学会のワークショップでも、都内の建設現場でも、どこでも。晴れるから天候の心配をしなくてよい、という意味を超えて、古谷のありようを示しているように響く。古谷と話していると、関係者はうれしそうだし、直接話していなくても、目の端で古谷の姿を捉えているだけで、安心している様子がうかがえる。そういえば、「それがあなたのキャラクターに合っているかどうかを見極めることが重要」と、古谷は学生に伝えていた。晴れ男は、古谷のキャラクターに合っている。

エピローグ――遊びも学びも全力で

ジグザグパーティ

毎年三月末に古谷の自邸（Zig House/Zag House）で開催される卒業生を送るイベントは、ジグザグパーティと呼ばれている。「食いしん坊（四章二節）」で述べたように、学生たちは古谷の妻がつくるスパゲッティ・ジェノベーゼに列をなす。パクチー嫌いも好きになるサラダも振舞われた。ひとしきり料理を堪能し、歓談した後、宴会係が仕切り始めた。

ゼミごとに卒業生の名前が呼ばれ、一人ひとりお立ち台に立って挨拶した。小さな杯に入れられた中国の酒「白酒」を卒業生と在校生、そして卒業生と教員が腕を絡めて何杯も酌み交わした後、在校生から卒業生へ寄せ書きと大きな紙袋に入れられたプレゼントが渡された。卒業生も在校生も教員も、延々と呑み続ける。なにせ人数が多い。

終わりに近づいた頃、私も名前を呼ばれた。サバティカルが終わり、古谷研を離れるということで、白酒を酌み交わし、卒業生と同じように大きな紙袋をもらった。中には贈り物がたくさん入っていた。助手たちからは、「だんなさんと一緒にビールを飲んでください」と作家物の高価なペアグラスが贈られた。古谷研では、地方への出張や夕方以降に始まるミーティングが多いので、家を不在にしがちになる。それを気遣ってのプレゼントだ。最後まで助手の宮嶋の心

古谷夫妻と宮嶋

Zag Houseにて歓談

ジェノベーゼを取り分ける古谷

パクチー嫌いも好きになるサラダ

お立ち台で挨拶する

白酒を酌み交わす

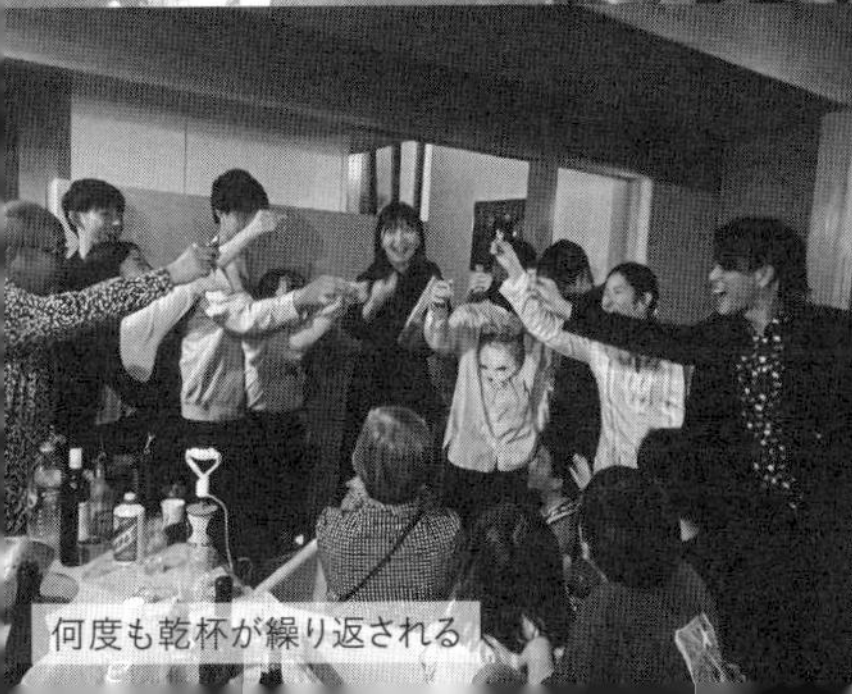
何度も乾杯が繰り返される

大所帯の古谷研

配りがうかがえる。もったいなくて特別な日にしか使えそうもない。森が学校プロジェクトのメンバーからは檜のぐい呑みをもらった。やっぱり木を大事にしている。生せっけんも紅茶も焼き菓子も、贈り主のセンスをよく反映していた。ちなみに、このプレゼントには古谷はまったく関与しないらしい。

真似ることから始めよう

一年間の潜入生活を終えた感想は、「楽しかった」の一言に尽きる。毎日、夏休みの小学生のように、今日はどんなことが起こるのかな、とわくわくしていた。でも、「あの一年は楽しかった」と言って終わりにしたくはない。古谷研で学んだことを自分の場所で生かしたい。生真面目にそう考えて、私は東洋大学に戻り、まず、研究室ミーティングで生い立ちから語るプレゼンテーションを始めた。発表フォーマットは古谷研に倣った。そして、「仲先生」ではなく、「仲さん」と呼んでほしい、と学生に伝えた。ただ、もともと学生と私との距離は近いので、あまり変化はないかもしれない。宴会係も決まった。適任の学生が選ばれたと思う。

簡単に真似できることから取り組み始めたけれど、肝心の縦のつながりには時間がかかりそうだ。大学院への進学率が早稲田大学とは異なるので、これまでの素地を生かして、卒業生との協働プロジェクトや合同プレゼンテーションなど別の方法も探りたい。同時に、修士課程の意義を古谷研で目の当たりにしたので、学部生には大学院への進学を視野に入れることを地道に勧めていきたい。

メニューがブリンク（四章二節）や、晴れ男（四章四節）といった特殊能力は私にはないので、そこは諦める他ないけれど、自分のキャラクターに合っていないことをしてもしょうがない。

予期せぬ成果

「よく遊び、よく学べ」というモットーで、遊びも学びも全力で取り組む古谷研の姿勢は、ぜひ受け継いでいきたい。一人ひとりが能力を発揮して、かつ、年度末に疲れ果ててしまわない秘訣はここにあるようだ。

実際、私はサバティカルで古谷研に受け入れてもらい、当人比ではあるけれど、例年よりも多い成果を得た。具体的には、筆頭著者で査読論文二本、共著でアブストラクト査読の国際学会発表二本、そして、プロポーザル一等二件、次点一件で、これらはＮＡＳＣＡの古谷チーム、八木チーム、杉下チームでこども環境のデザイン担当として参画した。そのうち、古谷チームで勝ったプロポーザルは、共著で建築学会大会建築デザイン発表会に投稿した。

筆頭著者で査読論文、しかも日本建築学会論文集に一年間で二本採用されるのは博士課程在籍時以来二〇年ぶりのことだ。国際学会へは、東洋大学に着任以降、積極的に投稿してきたが、いつも単著だった。サバティカル中に発表した一本と採用された一本は、いずれも森が学校計画産学共同研究会のメンバーとの共著で、チームとして役割分担することを学んだ。参画したプロポーザルで二件続けて一等をとるのは生まれて初めてだ。

これらの成果は、本務校での授業や会議を免除され、研究や設計に専念する時間を確保できたおかげではあるが、古谷研で学生とともに、よく遊び、よく学んでいるうちに、私にしかできない強みを引き出してもらい、「やらなきゃ」ではなく、「やりたい」という気持ちになったことが大きい。実は、この本にも相当な時間と労力をかけているが、専門分野の研究ではないので、業績としてはカウントされない。でも、そんなことはどうでもよく、書きたいから書いていて、とても楽しい。年度末に消耗することもなく、むしろエネルギーに満ちている。

サバティカルの価値

サバティカルは、欧米では一般的といえるが、日本ではあまり知られていないかもしれない。制度としてはあっても、実際にはあまり運用されていない場合もある。不在中にまわりの人々に負担をかけることを避けたいというのが主な理由だろう。本務校に戻ったときに居場所がなくなるのが心配だという声を聞いたこともある。自分がいなくても組織が上手くまわることが証明されてしまうのがいやだという率直な思いも耳にした。

幸いにも、周囲の理解と協力のおかげで、私はサバティカルを取得できた。この経験はとても貴重だった。たんに研究に専念する時間を確保できたということだけではなく、新しい環境で新しいものの見方を獲得できた。大学に入学したばかりで建築を学び始めた頃のような感覚になり、見るもの聞くもの、すべてが新鮮だった。

この経験をもとに、早稲田大学の建築教育について東洋大学の教員が書籍を出版することに対しては批判があるかもしれない。けれども、私はサバティカル中に学んだことを本務校で活かしたいと考え、さらに、各々の大学という狭い枠にとらわれずに広く建築教育に貢献したいと願って本書を執筆した。このように視野を広げられたのもサバティカルのおかげだ。

大学の研究室っておもしろい

本書の内容は、古谷研をよく知る人々にとっては、「そうじゃない」「わかっていない」と感じるところもあるだろう。「外国人から見た日本」のように、よそ者から見るとそのように映るのか、とご理解いただけるとありがたい。私は古谷研の長い歴史の一断面を切り取ったに過ぎず、もとより全体像を掴めるとは考えていない。正確に記したつもりだけれど、誤解もありそうだ。でも、「誤解は探究の原動力(二章一節)」に免じて、ご容赦いただきたい。

大学の研究室活動の様子を知る機会は、あまり多くないだろう。本書では古谷研でどんなことがどのように起こっているのかをイメージしやすいように、できるだけ具体的な情景を描写するよう心がけた。古谷研で起こっていることの背景を理解して、他の組織でも適用できるような方法を知りたいと思うあまり、著者の深読みが過ぎる解釈が多々あるが、つい分析して考察したくなるような、一言では捉えきれない魅力が古谷研にはあった。的外れな推測は読み流されても、「大学の研究室っておもしろい」ということが伝えられたら、と願っている。

これからは、本書、『解剖 早稲田建築・古谷研』を横に置き、自身の研究室マネジメントに取り組んでいきたい。そういう状況が他の研究室でも起きていたら、著者としてうれしく思う。

謝辞

本書の出版にあたり、多くの方々にお世話になりました。

まず、いきなり研究室に飛び込んできたうえに、「古谷研本を書きたい」と言い出す私を、「来るものは拒まず」の姿勢で受け入れてくれた古谷誠章さんに感謝します。一年間、追いかけられ、言葉を記録され、写真を撮られて、鬱陶しかったと思いますが、嫌な顔をせずに、さまざまな機会を開いてくれました。

藤井由理さん、王薪鵬さん、宮嶋春風さん、池田理哲さん、嵐陽向さんは、インタビューに快く応じてくれました。おかげで古谷研を立体的に捉えることができました。とくに宮嶋さんは、ご自身へのインタビューだけでなく、古谷さんへの三回に渡るロングインタビューにも立ち会い、いつも細やかにフォローしてくれました。

ＮＡＳＣＡの八木佐千子さん、杉下浩平さん、小坂諭美さんには、プロポーザルでお世話になり、また、古谷研とＮＡＳＣＡとの関係について教えてもらいました。

写真は、川俣悠さん、アフマド・ジョブラーンさん、吉岡憲吾さん、根本友樹さんに撮影していただきました。古谷研の学生のみなさんには、資料提供や原稿確認のお手間をおかけしました。学生だけが知っている情報についてのこまごまとした質問にもすぐに答えてくれました。

古谷研のＯＢＯＧの方々は、よそ者が古谷研の本を出版することを受け入れていただき、折に触れて、応援の言葉をかけてくださいました。

編集は、前著『保育園・幼稚園・こども園の設計手法』と同じく、学芸出版社の井口夏実さんに手がけていただきました。社長に就任して忙しいはずなのに、企画段階から並走して、文章も写真も一つひとつ丁寧に見て、アドバイスしてくれました。井口さんとの本づくりが大好きです。

装丁は、テンテツキの金子英夫さんに、「古谷研の楽しくわちゃわちゃした雰囲気にしてほしい」という難しいお願いをしましたが、想像していた以上にすてきなデザインに仕上げてくださいました。

カバーイラストは、古谷研出身の寺田晶子さんにお願いしました。もともと寺田さんのイラストが好きでしたが、卒業生と知り、ぜひにと頼み込みました。古谷研をよく知る方だからこそ描けるイラストに、ラフを拝見した瞬間から一目惚れでした。

最後に、夫、娘、息子も協力してくれました。仲家は全員料理ができて、デザイン好きなので、私が執筆に夢中になっているときには交代でごはんをつくってくれて、レイアウトやカバーのデザインの方針に悩んだときには相談にのってくれました。

紙面が限られていて、全員のお名前をここに記すことができませんが、お世話になりましたみなさまに心からお礼を申し上げます。ありがとうございました。

二〇二三年七月九日 沖縄にて

仲 綾子

注・参考文献

◉プロローグ

1 平野利樹「東大隈研究室―日本のなかで留学する」『建築雑誌』二〇一八年四月号、一二頁

2 日本建築学会主催の学生を対象としたワークショップ企画コンペ。通称、「まちいえコンペ」。二〇一一年に第一回コンペが開催され、現在まで継続的に実施されている。古谷は第二〜四回の審査員長を務めた。詳しくは、まちいえコンペの公式サイトを参照。http://kodomo.aij.or.jp/

3 写真家・藤塚光政と仙田との対談での指摘。詳しくは下記参照。藤塚光政『富山県こどもみらい館』TOTO出版、一九九三年

4 『新建築』二〇〇一年八月号、一八八〜一九一頁

5 青野慶久『チームのことだけ、考えた。―サイボウズはどのようにして「一〇〇人一〇〇通り」の働き方ができる会社になったか』ダイヤモンド社、二〇一五年

6 西條剛央による定義。これを危機管理に適用した例は、下記参照。西條剛央『クライシスマネジメントの本質―本質行動学による3・11大川小学校事故の研究』山川出版社、二〇二一年

◉一章

1 仙田満『二一世紀建築の展望』丸善、二〇〇三年、二七四頁

2 竹山聖『京大建築　学びの革命』集英社インターナショナル、二〇二二年、九七頁

3 Joseph, P. D., Sudhakaran, P., & Jeremy, G. (2019). A Complex Hierarchy of Avoidance Behaviors in a Single-Cell Eukaryote. *Current Biology*, 29, 4323-4329. Retrieved from https://www.cell.com/current-biology/fulltext/S0960-9822(19)31431-9

4 田中智之による手書きパース。青いペンで建物を透視して描かれることを特徴とする。詳しくは下記参照。田中智之『超建築パース―遠近法を自在に操る26の手描き術』学芸出版社、二〇二一年

5 本郷いづみ『ファッションと建築の間―VAN HONGOの世界』早稲田大学出版部、二〇二二年

6 ヨハン・ホイジンガ（著）、高橋英夫（訳）『ホモ・ルーデンス』中央公論新社、一九七三年

7 歌詞は以下のとおり。「一、机の前では一心に／何も思はずよく學べ。／遊びながらの勉強は／時間を無駄にするばかり。／學べ學べ一心に。／學べ學べ一心に。／二、課業が済んだら一心に／何も忘れてよく遊べ。／ただ面白く遊ぶのが／元氣をつけるよい薬／遊べ遊べ一心に。／遊べ遊べ一心に。」 詳しくは下記参照。文部省『尋常小学唱歌 第二学年用』國定教科書共同販賣所、一九一一年、六〜七頁

8 唱歌と修身書は、教科統合という思想のもと、共通の素材が使用されていた。詳しくは下記参照。文部省『尋常小学修身書 巻二』國定教科書共同販賣所、一九一八年、二〜三頁

9 ごうどゆきお『早大石山修武研究室・建築は終わらない』王国社、二〇〇一年

10 磯崎新『海市—もうひとつのユートピア』NTT出版、一九九八年

11 Lorents, E. N. (1963). Deterministic Nonperiodic Flow, *Journal of the Atmospheric Sciences*, 20,130-141.

12 磯崎新「プロセス・プランニングについて」『建築雑誌』一九六七年九月号、六〇八〜六〇九頁

13 Venturi, R., Stierli, M., & Brownlee, D. B. (1977, first published in 1966). *Complexity and Contradiction in Architecture*. The Museum of Modern Art. 日本語訳版は、ロバート・ヴェンチューリ(著)、伊藤公文(訳)『建築の多様性と対立性』鹿島出版会、一九八二年

14 古谷誠章、大森晃彦『NOBUAKI FURUYA, 179 WORKS 1979-2013』建築メディア研究所、二〇一四年、六八〜七三頁

15 福岡伸一『動的平衡—生命はなぜそこに宿るのか』木楽舎、二〇〇九年

16 津田一郎『カオス的脳観—脳の新しいモデルをめざして』サイエンス社、一九九〇年

17 Calvino, I. (1972). *Les Villes invisibles*. Einaudi. (原著、イタリア語版)。Calvino, I. (1978). *Invisible Cities*. Mariner Books. (英語訳版)。イタロ・カルヴィーノ(著)、米川良夫(訳)『見えない都市』河出書房新社、一九七七年(日本語訳版)

◉二章

1 ビル・モイヤーズによるインタビューでのドラッカーの言葉。以下の原文を著者が日本語に訳して本文に記した。The most important thing in communication is hearing what isn't said. 詳しくは下記参照。https://billmoyers.com/content/peter-drucker/

2 以下の原文を著者が日本語に訳して本文に記した。The effective executive makes strength productive. He knows that one cannot build on weakness. To achieve results, one has to use all the available strengths-the strengths of associates, the strengths of the superior, and one's own strengths. 詳しくは下記参照。Drucker, P. F. (2006). *The Effective Executive-The Definitive Guide to Getting the Right Things Done*. HarperBusiness. 71.

3 ウンベルト・エコ（著）、谷口勇（訳）『論文作法―調査・研究・執筆の技術と手順』而立書房、一九九一年
4 建築のスケールは身体の寸法と関係があることを「分身ものさし」を使って体験的に学ぶこども向けのワークショップ。詳しくは下記参照。日本建築学会編『楽々建築・楽々都市―すまい・まち・地球　自分との関係を見つけるワークショップ』技報堂出版、二〇一一年、二一〜五二頁
5 古谷誠章、穂積信夫「設計意図とその反映に関する研究―Carlo Scarpa, Castelvecchio の場合」『日本建築学会大会学術講演梗概集』一九八三年、二七〇三〜二七〇四頁、他八編
6 Laloux, F. (2009). *Reinventing Organizations: A Guide to Creating Organizations Inspired by the Next Stage of Human Consciousness*. NELSON PARKER. 日本語訳版は、フレデリック・ラルー（著）、鈴木立哉（訳）『ティール組織―マネジメントの常識を覆す次世代型組織の出現』英治出版、二〇一八年
7 仙田満『環境デザイン論』放送大学教育振興会、二〇〇九年、四一〜五四頁
8 古谷誠章『流動する歪んだ空間―ずれの研究の一助として』、早稲田大学卒業論文、一九七七年
9 Koolhaas, R., & Bruce M. (1995). *S, M, L XL*. 010 Publishers. 原作から選り抜いた論考にその後の主要作を加えた日本語オリジナル版は、レム・コールハース（著）、太田佳代子（訳）、渡辺佐智江（訳）『S, M, L, XL＋現代都市をめぐるエッセイ』筑摩書房、二〇一五年

◉三章

1 ニコルは長野県黒姫の荒れた森を再生し、「アファンの森」と名づけた。財団の名称はこれに由来する。詳しくは下記参照。C・W・ニコル『アファンの森の物語』アートデイズ、二〇一三年
2 アルキテクト＋北田英治『吉阪隆正 パノラみる 新訂版』Echelle-1、二〇二二年、二一三頁、二三二頁
3 地井昭夫「発見的方法」『都市住宅』鹿島出版会、一九七五年八月号、一二〜一三頁

◉インタビュー実録

1 金沢嘉市『人間にくずはない―よく学び、よく遊べの教育』あすなろ書房、一九六七年

◉四章

1 『新建築住宅特集』二〇〇九年八月号、二八〜二九頁
2 川内美彦『ユニバーサル・デザイン―バリアフリーへの問いかけ』学芸出版社、二〇〇一年、九頁
3 三宅一生、青木保『MIYAKE ISSEY展：三宅一生の仕事　公式カタログ』求龍堂、二〇一六年
4 竹山聖『RIKUYOSHA CREATIVE NOW 006 竹山聖 KIYOSHI SEY TAKEYAMA』六耀社、一九九〇年、二八頁
5 瀧口範子『にほんの建築家　伊東豊雄・観察記』TOTO出版、二〇〇六年
6 古谷誠章『建築家っておもしろい―古谷誠章＋NASCAの仕事』文屋、二〇一四年、一四五頁
7 Furuya, N., Saito, S., Miyajima, H., Ikeda, M., & Naka, A. (2022). Wooden Architecture Based on Empirical Research of the 'Woodland Campus' Project in Japan:Benefits of Contact with Nature for Children. *International Association People-Environment Studies (IAPS) 2022 Conference*, 2022.7.8.
8 日本建築学会子ども教育支援建築会議設立記念シンポジウム「子ども教育支援のプラットフォーム構築を考える―子どもの住まい・まちづくり教育のこれから―」、二〇一三年六月一〇日

　本文中の名称は、教員や卒業生はすべて実名、学生はすべて匿名または仮名とした。所属や肩書きは二〇二二年当時のものを記載した。

◉写真クレジット

木下裕見子：p.11
浅川敏：p.177
川俣悠：p.19、p.40、p.55、p.74、p.75、p.84、p.140、p.149、p.171、p.172、p.184、p.187、p.205、p.220（みかん）
アフマド・ジョブラーン：p.67
吉岡憲吾：p.245（二段目左）
根本友樹：p.2、p.64、p.71、p.78、p.144、p.245（一段目左、四段目右）
古谷誠章：p.23、p.33、p .36、p.220（朴葉寿司、はちのこ、山菜料理、食事シーン）

著者

仲 綾子 著 NAKA Ayako

東洋大学福祉社会デザイン学部人間環境デザイン学科教授。専門はこども環境、建築計画、建築設計。1993年京都大学工学部建築学科卒業、2002年東京工業大学大学院（仙田満研究室）修了。博士（工学）。一級建築士。環境デザイン研究所、厚生労働省を経て現職。こども環境学会理事、日本建築学会子ども教育支援建築会議事業部会長。著書に『保育園・幼稚園・こども園の設計手法』（編著）。2022年4月から1年間、サバティカルで古谷研に在籍。

解剖　早稲田建築・古谷研

――古谷誠章の「人がありのままで育つ」チームのつくり方

2023年9月1日　第1版第1刷発行

著　者　仲 綾子

発行者　井口夏実

発行所　株式会社学芸出版社

〒600-8216

京都市下京区木津屋橋通西洞院東入

tel 075-343-0811

http://www.gakugei-pub.jp/

E-mail:info@gakugei-pub.jp

編　集　井口夏実

DTP　金子英夫（テンテツキ）

装丁　金子英夫（テンテツキ）

カバーイラスト・挿画

寺田晶子

印刷　創栄図書印刷

製本　新生製本

ISBN 978-4-7615-2860-7